科技惠农一号工程

现代农业关键创新技术丛书

农村经纪中介

唐仲明　吴祖义　孟庆菊　编著

山东科学技术出版社

图书在版编目（CIP）数据

农村经纪中介/唐仲明，吴祖义，孟庆菊编著．—济南：山东科学技术出版社，2015
科技惠农一号工程
ISBN 978-7-5331-8019-5

Ⅰ．①农…　Ⅱ．①唐…　②吴…　③孟…　Ⅲ．①农村经济—经纪人—基本知识　Ⅳ．①F321

中国版本图书馆 CIP 数据核字(2015)第 277048 号

科技惠农一号工程
现代农业关键创新技术丛书

农村经纪中介

唐仲明　吴祖义　孟庆菊　编著

主管单位：山东出版传媒股份有限公司
出 版 者：山东科学技术出版社
地址：济南市玉函路 16 号
邮编：250002　电话：(0531)82098088
网址：www.lkj.com.cn
电子邮件：sdkj@sdpress.com.cn
发 行 者：山东科学技术出版社
地址：济南市玉函路 16 号
邮编：250002　电话：(0531)82098071
印 刷 者：山东金坐标印务有限公司
地址：莱芜市嬴牟西大街 28 号
邮编：271100　电话：(0634)6276023

开本：850mm×1168mm　1/32
印张：5.75
版次：2015 年 12 月第 1 版　2015 年 12 月第 1 次印刷

ISBN 978-7-5331-8019-5
定价：16.00 元

目 录

第一章 农村经纪人的含义和分类

第一节 农村经纪人的含义和经纪活动

一、农村经纪人的含义

农村经纪人主要从事撮合成交或直接组织农产品买卖交易，他们通过一定途径收集市场信息，并进行分析、筛选，依据有用的信息参与农村市场流通领域，从交易过程中获得一定收益。

经纪人活动的目的是为了得到佣金，佣金可以理解为“跑腿费”，或者说是“服务费”，是因为经纪人为买卖双方提供了交易信息，或人员服务，或交易场所，或仓库、保管、运输等服务。经纪人一般在交易之前，就与买方或者卖方商定佣金标准，比如说按照交易金额的1.5%～3%。对农村经纪人来说，获取佣金只是其经纪活动的一部分，更多的是直接参与流通活动来获取利益。

二、农村经纪人从事的主要经纪活动

农村经纪人从事的经纪活动主要有居间活动、行纪活动和代理活动3种。

1. 居间活动

是指经纪人为交易双方提供市场信息、交易条件以及媒介联系和撮合双方交易成功的商业行为。例如，山东经纪人王某从报纸上看见北京有一家酱菜公司想要大量的大蒜，邻近的村子最近刚刚收获了很多大蒜，乡亲们正愁卖不出去，于是王某就联系上这家酱菜公司，这家酱菜公司决定利用王某的庭院收购大蒜。王某为酱菜公司提供市场信息和交易场所的活动就属于居间活动。

2. 行纪活动

就是指经纪人受委托人的委托，以自己的名义与第三者进行交易，并承担规定的法律责任的商业行为。沿用上面的例子，王某联系上这家酱菜公司以后，酱菜公司委托王某按照一定的价格和质量收购一定数量的大蒜，完成任务后王某收取一定的佣金。这个时候王某是以他自己的名义去收购大蒜，在收购过程中出现的所有问题，王某都要承担责任。

3. 代理活动

就是指经纪人在委托权限内，以委托人名义与第三方进行交易，并由委托人直接承担相应的法律责任的商业行为。仍用上面的例子，王某联系上这家酱菜公司以后，酱菜公司委托王某按照一定的价格、质量收购一定数量的大蒜，完成任务后王某收取一定的佣金。这和行纪活动不同的是，王某是以酱菜公司的名义去收购大蒜，在收购过程中出现的所有问题，王某不承担责任，而是由酱菜公司来承担责任。

另外，还有一种经常采用的方式是自己经营，经纪人根据掌握的信息直接从事买进卖出活动，以赚取差价。同样是上面的例子，王某在知道酱菜公司想要大蒜的价格、数量、品质以后，王某自已从乡亲们手里收购大蒜，然后卖给酱菜公司，从买和卖中间赚取价格差。王某在这种经营方式中则要承担买和卖中间可能出现问题的全部责任。

由此可见，对于每种不同的活动行为，要承担不同的责任，也就有不同的收益水平。风险高的经纪活动，往往会获得较高的经济收益。

第二节　农村经纪人的分类

按照经营方式划分，可分为中介经纪人、代理经纪人和自营经纪人。中介经纪是为交易双方提供市场信息、提供交易条件或媒介联系和撮合双方交易成功的商业行为。代理经纪是指经纪人在委托权限内，以委托人名义与第三方进行交易，并由委托人直接承担相应的法律责任的商业行为。这两种经纪行为，经纪人从中间获取的都是佣金。自营经纪是通过自己低价买进、高价卖出，从中间获取差价赚取利润的经纪行为。

按照经营活动范围划分，可分为专业经纪人和兼职经纪人。专业农村经纪人专门从事农产品销售；兼职农村经纪人是在特殊的时间段，特别是某些农产品收获的季节里，从事农产品经纪活动。

按照组织形式划分，可分为个体经纪人、农村经纪人协会、农村专业合作经济组织。按照经营行业划分，可分为特色产品经纪人、蔬菜经纪人、种植业产品经纪人、畜禽产品经纪人、水产品经纪人、中药材经纪人等。

按照类型划分，可分为农村科技经纪人、农村信息经纪人、农村营销经纪人、劳动力经纪人。农村科技经纪人是利用自己掌握的技能，为农民服务并收取一定的佣金。相对于现代化的农业生产和高科技的迅速发展，农业科技普及和应用较落后，农民需要聘请有关的科技人员来指导服务。这种科技经纪人往往能给农民带来巨大的经济效益。信息经纪人是把自己掌握的科技、市场行情、种植、养殖、加工及政策等多方面的信息提供给农民，从中收取一定的信息服务费。在市场经济条件下发展农村经济，离不开大量迅速、准确的市场信息。农村相对偏僻，通讯设备落后，信息闭塞，培养发展农村信息经纪人，能指导农民少走弯路，早日致富。营销经纪人简单地说就是农村的买卖人，做生意的人。在农村从事农资或农产品的购销活动，把农民生产的产品收过来再卖出去，把农民需要的生产资料买回来再卖给农民。培养这样一批经纪人能带动一方产业的发展，带动一个地区的富裕。劳动力经纪人主要从事劳动力输入输出中介活动，把农村的剩余劳动力介绍到城市中，从事第二、三产业的工作。

目前，在上述众多类型的经纪人中，有 3 种经纪人是我国广大农村最缺乏的：营销经纪人（农产品供求经纪人），他们能帮助解决农产品流通不畅、农民加工转化的能力不强、卖农产品难等问题；信息经纪人，解决生产、流通、消费之间的信息不对称问题，既了解生产情况，又能准确把握市场需求；科技经纪人，目前农村农技的推广还难以满足农民的需求，农副产品加工方面的技术更加“紧缺”，因此，需要一批懂技术、会经营的技术人才进入农村。

第三节　做农村经纪人的要求

农村经纪人的发展很快，但并不是所有的人都可以成为农村经纪人，对此，国家法规有一些具体的规定。

一、农村经纪人的从业资格要求

农村经纪人作为中间商人，在法律上享有独立地位。农民成为经纪执业人员，必须具备法律法规规定的资质：

1. 具备完全的行为能力

具有完全行为能力的人才能成为农村经纪执业人员，限制行为能力和无行为能力的人不能作为农村经纪执业人员。农村经纪执业人员必须是满一定年龄的精神健康的人。我国《民法通则》规定，只有年满 18 周岁的精神健康的人才具有完全行为能力，才能成为农村经纪执业人员。原本已经取得农村经纪执业人员资格的人因各种原因丧失完全行为能力时，也应及时取消其资格，否则所进行的经纪活动是无效的。

2. 职业限制

在我们国家，只有非党政机关、企事业单位的人员和职工，才能以自己的名义成为经纪执业人员，其从事经纪活动的收入归已有。我国禁止国家机关工作人员和现役军人成为经纪执业人员，以防止利用职务之便，利用手中掌握的权力或经济情报居间牟利，损害国家和公民的利益。在职党政机关人员除非辞去公职，一般不许停薪留职从事经纪活动。企事业单位的职工，只有经过单位同意，才能利用业余时间兼职从事商品中介活动。

3. 具有一定的知识和技能

农村经纪执业人员必须具备一定的农业商品知识、法律知识和农村经纪业务知识。农村经纪执业人员需要掌握的法律知识，是指从事某一领域的有关法律（如农村劳动力转移经纪人员必须熟悉劳动法）和对农村经纪执业人员适用的法律及其他经济法规。经纪业务知识，是指农业流通领域中的中介业务知识和技术。农村经纪执业人员要经过培训、考试、审查的资格认定，合格后才能取得农村经纪人执业证书。

4. 具有一定的经纪能力

农村经纪执业人员必须具有相对固定的营业场所和一定的独立资产，能提供经济担保，能独立承担相应的民事责任，并向工商行政管理机关提出申请，依法领取营业执照。

二、农村经纪人的素质教育与考核

为了提高农村经纪人的素质，促进农村经纪业的发展，必须加强对农村经纪人的培训。根据《农产品经纪人国家职业标准》，培训初、中级人员的教师必须具备相关专业助理讲师以上专业技术职称或本职业高级资格证书。培训场地与设备方面，要具备能满足教学需要的教室和技能模拟训练场地，备有代表性的农产品标准样品，品种齐全；收购、评审质量、分等定级、计量计价的仪器设备；具有模拟交易结算室及计算机等相关设施。根据农村经纪人培养目标和教学计划确定培训期限。晋级培训期限：初级不少于 200 标准学时；中级不少于 150 标准学时；高级不少于 100 标准学时。

农村经纪人的考核分为理论知识考试和技能操作考核两部分。理论知识考试采用笔试方式，理论知识考试合格者才能参加技能操作考核。技能操作考核采用现场实际操作方式进行。一般考评人员与考生要有一定的比例。理论知识考试时间一般为 120 分钟；中、高级技能操作考核一般为 120 分钟和 150 分钟。鉴定场所及设备理论考试在标准教室进行。

三、农村经纪人的从业资格认定

农村经纪人的资格可分为初级、中级和高级三类。

1. 初级

具备以下条件之一者可申报初级经纪人。

(1)经本职业初级正规培训达规定标准学时数，并取得毕(结)业证书。

(2)在本职业连续见习工作2年以上。

2.中级

具备以下条件之一者可申报中级经纪人。

(1)取得本职业初级职业资格证书后,连续从事本职业工作2年上,经本职业中级正规培训达规定标准学时数,并取得毕(结)业证书。

(2)取得本职业初级职业资格证书后,连续从事本职业工作4年以上。

(3)取得经劳动保障行政部门审核认定的,以中级技能为培养目标的职业学校本职业(相关专业)毕业证书,从事本职业工作1年以上。

3.高级

具备以下条件之一者可申报高级经纪人。

(1)取得本职业中级职业资格证书后,连续从事本职业工作3年以上,经本职业高级正规培训达规定标准学时数,并取得毕(结)业证书。

(2)取得本职业中级职业资格证书后,连续从事本职业工作6年以上。

(3)取得本职业中级职业资格证书的大专以上毕业生,并连续从事本职业工作1年以上。

(4)取得高级技工学校或经劳动保障行政部门审核认定的,以高级技能为培养目标的职业学校本职业

（相关专业）毕业证书，从事本职业工作1年以上。

以上条件为资格申报的条件，只有通过正规培训，取得相应证书之后才能获得从业资格。

四、从业行为记录

随着市场管理机制的完善和监管技术的提高，将逐步加强对参与市场经营人员行为的监管，应用先进的手段记录农村经纪人的不良行为，并且对有严重不良行为记录的农村经纪人给予一定的惩罚。诚信守法将成为农村经纪人重要的品牌内容。

另外，对市场经营主体进行注册登记管理是国内外通行的做法。目前，我国的主要登记机关是各级工商行政管理部门，开展商业经营活动的主体必须在工商行政管理机关登记注册，领取工商行政机关核发的营业执照后方可开展经营活动。独立从事经纪活动的个人和从事经纪活动的组织到工商行政管理机关注册登记后，才能成为合法的市场经营主体，开展合法的经纪活动。

第二章　现代农村经纪人的基本素质和应具备的专业知识

一个合格的农村经纪人应该具有良好的素质和知识以及交际技巧等,依法取得合法的经纪资格,照章纳税,同时还要掌握一定的运作技巧,在不同的场合下能够灵活应对。

第一节　农村经纪人的基本素质

一、职业道德素质

所谓职业道德,是指从事一定职业劳动的人们,在特定的工作和劳动中以其内心信念和特殊手段来维系的,以善恶进行评价的心理意识、行为原则和行为规范的综合,它是人们在从事职业过程中形成的一种内在的、非强制性的约束机制。

对于农村经纪人来说，在经纪活动中，要恪守诚实、守信、正派、公正的原则，通过合法的途径来获得自己的利益。具体来说，应该具备以下职业道德。

1. 实事求是

农村经纪人在与客户打交道的过程中，要客观地向客户介绍说明与商品、信息有关的服务状况，靠诚信取得客户的信任，而不是混淆是非、牟取暴利。

2. 重友情而不偏袒

由于经常性的业务往来，经纪人会与一些客户建立友谊，这种友谊关系至关重要，是经纪人获取信息和成功从事中介活动的基础，但是在经纪活动中不能因为照顾老客户的友谊而伤害了其他客户的利益，要做到一视同仁，不偏袒任何一方。

3. 遵纪守法

市场经济是法制经济，各种经济活动都有法律规范，对于农村经纪人也不例外，要熟悉和掌握相关法律法规，依法经营。农村经纪人在从事经营活动中，有8个禁区：

（1）不能从事或参与涉及国家专控商品以及国家机密的经纪活动，如科技情报、珍稀动物、文物、外币以及国家限制进口的原材料和某些产品等。

（2）不能从事走私品、违禁品、假冒伪劣商品的经纪活动。

(3)不能参与国际社会禁止进出口商品的经纪活动,如战略性物资、尖端技术、核原料等都是农村经纪人不能涉足的领域。

(4)不能超越客户委托范围和权限越权进行有关的经纪活动。

(5)不能私自设立和收取账外佣金或索要额外报酬,也不能超越中介服务地位,进行实物买卖或私下交易。

(6)不能承办或接受超出自己能力的经纪活动。

(7)不参与假冒伪劣商品的经纪活动。

(8)不能违反国家的有关税法,进行骗税、逃税、偷漏税活动。

二、知识素质

农村经纪人要和各种客户打交道,业务范围涉及多个领域,要成为一个合格称职的经纪人,既要掌握一般的通用知识,又要掌握相关专业知识。

从事一般商品交易的农村经纪人应具备一定的文化知识,了解与经纪工作有关的生产、加工、储存、流通、消费以及法律法规等方面的基础知识,要懂得社会学、心理学和行为科学的基本知识;具有一定的文字表达、数学运算的能力;具有一定的信息以及分析知识,能摸清、看准市场行情；能运用现代通讯工具和设备去捕捉信息，交流信息，为供需双方牵线搭桥。

1. 经济学知识

现代农村经纪人在尽可能的情况下，有必要了解各专业经济学分支及其分支学科的基础知识，主要涉及农业经济学、工业经济学、流通经济学、商业经济学、价格经济学、西方经济学、公共关系学等。

2. 商贸知识

从事各种各样商品中介活动的农村经纪人，为了寻求经纪业务，不仅要联系买卖双方，还要和其他经纪人打交道。竞争越激烈，越是需要经纪人掌握较丰富的商贸知识。除了国内商贸外，如果涉及进出口业务，还应掌握外经贸知识，具体包括市场营销学、商品学、国际贸易和国际金融等。

3. 产品质量标准与安全知识

质量安全是产品的生命，也是依法从事经营活动的最基本要求。农村经纪人主要从事农产品经营，更要把质量安全放在第一位，这就要求必须了解农业标准，掌握有机农业、绿色食品、无公害农产品的知识，掌握产品质量安全标准，学会确定农产品质量等级、污染物鉴别、检测检验等方法以及包装、标识、储藏、运输等方面的法律和技术要求。只有熟悉产品质量标准与安全方面的知识，才能按标准开展中介业务，确保农产品质量安全，提高市场竞争力,更好地开展经纪业务。

4. 心理学方面的知识

通过对心理学知识的学习和了解,可以帮助经纪人准确地把握客户、消费者的心理。心理学知识包括社会心理学、发展心理学、管理心理学、推销心理学和消费心理学等。

5. 谈判方面的知识

谈判是农村经纪人开展经纪活动必不可少的重要环节,只有掌握谈判的基本知识和技巧,才能在谈判桌上争取平等的地位,争取自己的权益。

很多交易是否能成功,关键在于业务洽谈前的准备和谈判时的技巧。农村经纪人在进行正式业务洽谈之前,除了要了解买卖双方的商品供求、市场价格等基本信息外,还要充分了解客户和洽谈人的基本状况,包括年龄、性别、受教育程度、喜好、性格等各方面的特点,这样才能针对不同客户和不同性格的个人,采取有针对性的对策;与此同时,农村经纪人还要了解与交易对象相关的商品标准、食物安全等方面的知识,才能更好地应对客户提出的问题。

6. 市场调查预测知识

农村经纪人从事经纪工作,必须具有基本的市场调查和市场预测知识。通过市场调查,了解消费者需求和生产状况,分析预测市场供求形势,包括统计分析以及市场预测的内容、形式程序、方法等。

7. 政策、法律知识

市场经济是法制经济，只有了解国家相关政策及法律，才能利用相关法律知识保护自己的权益，同时不会违反国家相关的法律。

三、心理素质

心理素质是指表现在经纪人身上经常的、稳定的、本质的心理特征。农村经纪人除了要具备一定的业务知识和基本能力外，还应该培养良好的心理素质。

1. 自信、热情和耐心

自信是农村经纪人职业心理的基本要求。农村经纪人在开展业务时，要与各种各样的客户打交道，要想说服他人，首先自己要有自信和热情。同时，经纪工作是一项需要付出大量脑力和体力的艰苦工作，而且具有一定的风险。促成一笔交易，往往需要很多次的努力才能成功，需要有耐心，能够持之以恒。

2. 具备平和的心态和豁达、开朗的心胸

作为农村经纪人来说，具备良好的心理素质，能保持一颗平常心，心胸豁达、开朗，才能有效地处理可能出现的各种事情。平和的心态对保证农村经纪人顺利地开展业务十分重要。

3. 富有开拓创新的精神

不满足于现状，不断开拓新的业务和领域，是成功的经纪人不可缺少的重要素质。由于社会发展和变化很快，只有不断创新，农村经纪人才能接受捕捉新的信息，达到更高的境界。

4. 具有控制情绪的良好素质

农村经纪人遇到的事情是多种多样的，特别是遇到不开心的事情时，情绪消极是在所难免的，但是为了更好地促进自己业务的发展，有意识地控制自己的情绪是必要的，这也是农村经纪人难能可贵的宝贵素质。

5. 具有处理人际关系的能力

经纪人只有具有良好的人际关系适应能力，才能与众多客户建立良好的关系，这是农村经纪人开展业务的基础。这就要求农村经纪人具有诚恳、谦虚的性格以及宽容的心胸，善于理解他人，不断巩固发展客户关系。

四、具有自我保护的能力

自我保护是每一个人都应该具备的基本能力，也是一种本能。作为农村经纪人而言，这里所说的自我保护，不仅是对自身安全的保护，而且还要能够有效地保障自身的经济利益和相关权利。农村经纪人中介地位的特殊性，使其在交易中容易被买卖双方甩掉而利益受损，特别是在买卖双方签订合同之后，这种状况更容易发生。

因此，农村经纪人要具有自我保护的意识，掌握自我保护的方法，特别是要善于使用合同，使用法律武器保护自己的权益；同时农村经纪人可以要求提前收取一定比例的佣金定金，降低合约风险。现实中，定金的收取往往有一定的困难，特别是当合同中涉及的商品为非紧俏产品时，很多情况下委托方不愿意提前支付定金，但是具有这样的意识，可以在一定程度上保护经纪人的权益。

第二节　农村经纪人应具备的专业知识

由于农村经纪人的业务主要与各种农产品密切相关，因此，具备农产品标准和质量等方面的知识，是农村经纪人开展业务活动的基础。

一、农产品基础知识

1.农产品规格和质量标准

农村经纪人主要从事农副产品及其加工品贸易，而这些产品与人们的生活密切相关。特别是随着我国经济的发展和人民生活水平的提高，对农副产品的质量要求越来越高，农村经纪人在开展农副产品经纪活动时，要特别注意把好质量关，这就需要农村经纪人具有相关的基础知识。

世界各国都在制订农产品的质量标准,我国也制订了农业国家标准、行业标准、地方标准、企业标准等不同级别的标准。农村经纪人需要了解这些标准,同时还要了解不同农产品的规格要求,这对于农村经纪人确定收购价格,把好质量关起着重要作用。

(1)产品规格:规格是产品内在使用性能和档次的要求。产品规格一般是由政府权威部门或组织对产品档次按标准加以规定,并且通过实施标签制度,保证消费者对各种产品有判断和选择的依据。规格一般包括适用范围、用语定义、等级档次、测定方法、合法认证、合格标签、注册标准、生产许可证认定的技术标准等。

(2)农产品的标准:标准是对产品品质的要求。农产品品质包括基本特性要求和功能性要求。基本特性主要包括营养特性和安全特性。功能特性主要指嗜好特性、外观特性、加工特性和简便性等。

农产品标准主要有安全标准和质量标准两大类,安全标准主要是国家标准强制规定的有毒物质的残留限量标准;质量标准指产品的成分含量和规格等及标准。

①表示项目:产品品名、原材料名、内容量、制造日期、制造厂家或经营商名、使用的原材料名、适食期限、相应保存方法、使用或食用方法、保存温度,对于进口商品要标明原产国。

②表示方法：对于以上表示项目，规定规范用语、字体大小和具体表示方法。

③禁止表示事项：包括容易误解和含糊不清的用语等。

2. 农产品的等级评定

农产品等级的评定直接影响交易中产品的定价问题。不同农产品有不同的分级标准，但按照产品的硬度、健全度、整洁度、大小、重量、色泽、形状、成熟度、病虫害程度等，一般分为特级、一级和二级 3 个等级。农产品的分级，使产品更商品化、标准化。

从目前国际农产品质量形势看，无公害农产品、有机食品和绿色食品日益受到各国消费者的喜爱，农村经纪人也应该适应这种趋势，了解关于有机食品和绿色食品，特别是掌握无公害农产品的基本知识。

3. 有机农业

根据国际有机农业运动联合会（IFOAM）的定义，有机农业是指所有能促进环境、社会和经济良性发展的农业生产体系。联合国粮农组织（FAO）和世界卫生食品经典委员会（CAC）的定义，有机农业是一个依靠生态系统管理而不是依靠外来农业投入的系统。我国《有机产品认证管理办法》的定义，有机农业是指遵照有机农业生产标准，在生产中不采用基因工程获得的生物及其产物，不使用化合成农药、化肥、生产调节剂饲料添加剂等，遵循自然规律和生态学原理，协调种植业和养殖业平衡，采用可持续发展农业技术维持农业生产体系的农业生产方式。

(1)有机农业的国际标准：生产足够营养的食品；维持和增加土壤的肥力；在当地农业系统中尽可能利用再生资源；在封闭系统中，尽可能进行有机物质和营养元素方面的循环利用；提高所有牲畜的生活条件，使它们接近自然的生活习性条件；避免由于农业技术进步而带来的所有形式污染；维持农业系统遗传基因的多样性，包括植物和野生生物环境的保护；允许生产者获得足够的利润；考虑农业系统较广泛的社会和生态影响。

有机农业的国际标准为我国有机农业标准的制订提供了宝贵的参考依据。

(2)有机农业生产原则：遵循自然规律和生态学原理；循环利用有机农业生态体系内的物质与能量；依靠体系自身力量保持土壤肥力；保护生态环境、多样性种植和养殖；根据土地承载能力饲养畜禽；充分利用生态系统的自然细节机制。

(3)有机农业生产方式的特点：

①选用抗性作物品种，利用间套作技术，保持基因和生物多样性，创造有利于天敌繁殖、不利于害虫生长的环境。

②禁止使用转基因技术。

③建立包括豆科植物在内的作物轮作体系，利用秸秆还田，施用绿肥和动物粪便培肥土壤，保持养分循环，保持农业的可持续性。

④采取物理和生物措施防治病虫害，把对环境和食品安全的影响降到最低。

⑤采用合理的耕种措施，保护环境，防止水土流失。

从有机农业的本质来看，就是强调禁止使用化工品，提倡利用自然、生态平衡的方法从事农业生产和管理。

(4)有机食品：是指来自有机生产体系，根据有机农业生产要求和相应标准加工生产，并通过合法的、独立的有机食品认证的农副产品及其加工品。

有机食品生产加工依据的标准是《GB/T1963.1～GB/T 1963.4－2005 有机产品》，包括生产、加工、储存与销售、管理体系四大部分。

根据《有机产品认证管理办法》规定，国家认证可监督管理委员会(简称国家认监委)进行有机产品认证活动的统一管理。有机产品认证机构应当依法设立，并取得国家认监委确的认可机构的认可后，方可开展有机产品认证活动。有机产品生产、加工单位和个人或其代理人，可自愿向有机产品认证机构提出申请。

申请有机食品认证的基本程序是：

①申请人向有机产品认证机构提出书面申请材料。

②有机产品认证机构自受理之日起10日内完成材料审核,并做出是否受理的决定。

③有机产品认证机构受理有机产品认证后,按照相关规定、程序实施认证活动,并按标准做出认证结论。

④对符合有机产品认证要求的,由认证机构向申请人出具有农产品认证证书,并提供其使用中国有机产品认证标志。

农村经纪人在开展交易时,若涉及有机产品,就要通过上述的这些标准来判断和审核有机农副产品是否真正符合国家相关规定,这样可以避免质量纠纷,把好质量关,确保不会上当受骗。还应该注意的是,我国有机产品认证机构数量众多,农村经纪人可在国家认监委网站上查询认证机构资质的合法性。

4.绿色食品标准

(1)绿色食品标准的含义:绿色食品标准是指应用科学技术原理,结合绿色食品生产实践,借鉴国内外相关标准所制订的,在绿色食品生产中必须遵循的,在绿色食品质量认证时必须依据的技术性文件。绿色食品标准是由农业部发布的,绿色食品生产企业必须遵照执行的强制性国家行业标准。

(2)绿色食品标准体系构成:绿色食品标准是衡量最终产品质量的尺度,它反映了绿色食品生产、管理及质量控制的水平。绿色食品标准制订的依据是在国家标准的基础上,参照了国外先进标准或国际标准。在检测项目和指标上,严于国家标准;对严于国家执行标准的项目及其指标都有文献性的科学依据或理论指导,有些还进行了科学试验。

①产地环境标准:即绿色食品产地环境质量标准。主要内容有:绿色食品必须产自良好的生态环境地域,以保证绿色食品最终产品的无污染、安全性;保护和改善绿色食品产地环境,包括空气质量、农田灌溉水质、渔水水质、畜禽养殖用水和土壤质量等各种标准指标,以及浓度限值、检测和评价方法、绿色食品产地土壤肥力分级和土壤质量综合评价方法。

②生产技术标准:绿色食品生产过程的控制是绿色食品质量控制的关键环节。绿色食品生产技术标准是绿色食品标准体系的核心,包括绿色食品生产资料使用准则和绿色食品生产技术操作规程两部分。绿色食品生产资料使用准则包括生产用的农药、肥料、食品添加剂、饲料添加剂、兽药和水产养殖用药的使用标准,对允许、限制和禁止使用的生产资料及其使用方法、使用剂量、使用次数和休药期等都做出了具体规定。绿色食品生产技术操作规程是以上述准则为依据,按作物种类和畜牧种类和不同农业区域的生产特性分别制订的,用于指导绿色食品生产活动,规范绿色食品生产技术,包括农产品养殖生产和食品加工等技术操作规程。

③产品标准：产品标准是衡量绿色食品最终产品质量的尺度。它规定了产品的外观品质、营养品质和卫生质量等，对农药残留和重金属的检测项目种类多，指标要求严格。

原料要求：绿色食品的主要原料来自绿色食品产品，也就是经过绿色食品环境检测证明符合绿色食品环境质量标准，按照绿色食品生产操作规程生产出来的产品。对于某些进口原料，如生产冰淇淋所用的黄油和奶粉，无法进行原料产地环境检测的，经中国食品发展中心指定的食品监测中心按照绿色食品标准进行检验，符合标准的产品才能作为绿色食品加工原料。

感官要求：包括外形、色泽，气味、口感、质地等。感官要求是食品给予用户或消费者的第一感觉，是绿色食品优质性的最直观表现。绿色食品标准有定性、定量标准，要求要严于非绿色食品。

理化要求：包括有效成分指标，如蛋白质、脂肪、糖类、维生素、矿物质等，这些指标不能低于国际标准。

④包装标签标准：该标准规定了包装材料选用的范围、种类、包装上的标识内容等。要求产品包装从原料、产品制造、使用到回收和废弃的整个过程都应有利于食品安全和环境保护，包括包装材料的安全性、牢固性，节省资源、能源，减少或避免废弃物产生，易回收循环利用，可降解等具体要求。绿色食品标识，除要求符合国

家《食品标签通用标准》外，还要求符合《中国绿色食品商标标志设计使用规范手册》的规定。在规定中，对绿色食品的标准图形、标准字形、图形和字体的规范组合、标准色、广告用语以及在产品包装标识上的规范应用均做了具体规定。

⑤储藏、运输标准：此项标准对绿色产品储运的条件、方法、时间做出规定，以保证绿色食品在储运过程中不遭受污染、不改变品质，并有利于环保、节能。

⑥其他相关标准：主要包括《绿色食品推荐肥料认定标准》、《绿色食品生产基地标准》等，都是促进绿色食品质量控制管理的辅助标准。

二、粮食经纪人

对于以粮食为主进行交易的农村经纪人而言，要了解谷类、豆类、马铃薯、甘薯商品的具体规格、质量标准、生长习性、分布地区、保存方式、安全卫生条件等。其中谷类、豆类又包括很多具体小品种。谷类包括稻米、小麦、玉米、大麦、燕麦、粟、高粱等；豆类包括蚕豆、豌豆、绿豆、小豆、普通菜豆、多花菜豆、小扁豆、饭豆等。

国际上主要粮食品种都有检测质量的标准，我国对有些粮食品种也有较详细的质量标准规定。因此，粮食经纪人要根据交易是在国内进行的，还是跨国交易，及时了解所在国家、地区对具体粮食品种的质量要求，严把质量关,确保经纪活动的顺利进行。

三、果蔬经纪人

水果和蔬菜是人们日常生活中离不开的必需消费品。很多农村经纪人主要从事水果和蔬菜交易。我国地域辽阔,地跨寒、温、热三带,自然条件复杂,水果和蔬菜的种类繁多,资源极为丰富,是世界果蔬的重要原产地之一。目前,我国栽培的果树分属 50 多科、300 多种,品种有万余个,普遍栽培的蔬菜有 60 多种,品种繁多。近年来,我国还引进了不少新的果蔬种类和品种,果蔬资源分布在全国各地。我国东北地区、山东一带盛产苹果、梨、桃、杏、山楂、银杏、核桃、枣、马铃薯、大白菜、芦笋、大蒜、洋葱、番茄、甜椒等;亚热带地区气候温和,雨量充沛,有利于果蔬的生长,如两广、福建、云南、四川一带盛产柑橘、菠萝、香蕉、荔枝、龙眼、芒果、椰子、菜豆、辣椒、花椰菜、萝卜、芥菜、各种食用菌等;华东、河南、湖北等地也盛产苹果、梨、柿、板栗、山楂、银杏、枣、樱桃、草莓、西瓜、芦笋、番茄、马铃薯、芋类、大白菜等;在西北的新疆、青海、甘肃盛产葡萄、杏、核桃、西瓜、甜瓜和哈密瓜、番茄、青椒和菜豆,质量上乘。此外,野生的果蔬资源也很丰富,如刺梨、沙棘、黑家仑、猕猴桃、枣、山葡萄、北国红豆、薇菜、蕨菜、笋、香椿、野生食用菌、菠菜等,这些野生果蔬资源由于无污染、营养丰富,口感好,风味纯正,在当今更受到很多消费者的青睐,在农村经纪人交易额中所占比重逐渐增加。对于果蔬类经纪人,要基本了解果蔬的习性、外观、种子标准以及质量标准。

四、花卉经纪人

2000 年 11 月 16 日国家技术监督局发布了花卉系列的 7 个标准,GB/T 18427.1 ~ GB/T 18427.7,从 2001 年 4 月开始实施。

GB/T 18427.1《主要花卉产品等级第一部分:鲜切花》规定了月季、唐菖蒲、香石竹、菊花、非洲菊、满天星、亚洲型百合、麝香百合、马蹄莲、火鹤、鹤望兰、肾蕨、银牙柳等共 13 种主要鲜切花产品的一级品、二级品和三级品的质量等级指标。

GB/T 18427.2《主要花卉产品等级第二部分:盆花》规定了金鱼草、四季海棠、蒲包花、温室凤仙、矮牵牛、半支莲、四季报春、一串红、瓜叶菊、长春花、国兰、菊花、小菊、仙客来、大岩桐、四季米兰、山茶花、一品红、茉莉花、杜鹃花、大花君子等共 21 种主要盆花产品的一级品、二级品和三级品的等级指标。

GB/T 18427.3《主要花卉产品等级第三部分:盆栽观叶植物》规定了香龙血树(巴西木、三桩型)、香龙血树(巴西木、单桩型)、香龙血树(巴西木、自根型)、朱蕉、马拉巴栗(发财树、3~5辫型)、马拉巴栗(发财树、单株型)、绿巨人、白鹤芋、绿帝王(丛叶喜林芋)、红宝石(红柄蔓绿绒)、花叶芋、绿萝(藤芋)、金皇后、银皇后、大王黛粉叶、撒金榕(变叶木)、袖珍椰子、散尾葵、蒲葵、棕竹、南杉、孔雀竹芋、果子蔓等共24种主要盆栽观叶植物产品的一级品、二级品和三级品的质量等级标准。

GB/T 18427.4《主要花卉产品等级第四部分:花卉种子》规定了48种主要花卉种子产品的一级品、二级品和三级品的质量等级标准,以及各级种子含水率的最高限和各级种子的每克粒数。

GB/T 18427.5《主要花卉产品等级第五部分:花卉种苗》规定了香石竹、菊花、满天星、紫菀、火鹤、非洲菊、月季、一品红、草原龙胆、补血草等共10种主要花卉种苗产品的一级品、二级品和三级品的质量等级指标。

GB/T 18427.6《主要花卉产品等级第六部分:花卉种球》规定了亚洲型百合、东方型百合、铁袍百合、盆栽亚洲型百合、盆栽东方型百合、盆栽铁袍百合、郁金香、唐菖蒲、朱顶红、马蹄莲、小苍兰、花叶芋、喇叭水仙、风信子、番红花、银莲花、虎眼万年青、雄黄兰、立金花、蛇鞭菊、观音兰、细颈葱、花毛茛、夏雪滴花、全能花、中国水仙等26种主要花卉种类产品的一级至五级品的质量等级标准。

GB/T 18427.7《主要花卉产品等级第七部分:草坪》分别规定了主要草坪种子等级标准、草坪草营养等级标准、草皮等级标准、草坪植生带等级标准、开放型绿地草坪等级标准、封闭型绿地草坪等级标准、水土保持草坪等级标准、公路草坪等级标准、飞机跑道区草坪等级标准、足球场草坪等级标准。

《花卉》系列国家标准中的每个标准不仅规定了产品的等级划分原则、控制指标,还规定了质量检测方法。对于从事花卉交易的农村经纪人而言,要对这些相关规定加以了解,必要时去查找国家有关规定的具体细节。

五、林产品经纪人

林业主要是实施保护生态资源的重要行业,林业的八大支柱产业是:浆纸产业;木材综合加工产业;以松香和天然香料等精深加工为主的林产化工业;森林生态旅游产业;竹藤加工产业;森林食品、林下药材等林副特产品;野生动物驯养利用产业;花卉产业。

林业的八大支柱产业为从事林产品为主的农村经纪人提供了参考方向。

六、畜禽产品经纪人

畜禽产品要能被人们食用,包括鲜肉及肉制品、乳品和蛋品等。

1. 鲜肉及肉制品

20 世纪末,我国年人均食肉量达到 50 千克,与欧美国家的年人均 90 千克相比还有一定差距。但是从国人的食肉习惯等因素推测,到 2020 年我国年人均食肉量将会达到 60 千克,总产量将达到 9 600 万吨,其中熟肉制品达 600 万吨左右,占总产量的 6% ~7%。禽肉类制品的比重将会持续上升,肉类加工副产品也将会得到更科学的利用。

(1)肉品常识:作为农村经纪人而言,要了解肉畜肉禽的品种,以及肉类产品的基本形态结构和性状,才能保证所交易产品的质量。

①肉品的物理性状:从肉的物理性状上看,肉品的感官及物理性状包括颜色、气味、坚度和嫩度、容重、比热、导热系数、保水性等。这些性状都与肉的形态结构,与动物的种类、年龄、性别、经济用途、不同部位、宰前状态、冻结程度等因素有关。这些因素不但能代表动物种属特性,而且常被作为人们识别肉品质量的依据。掌握这些知识,对于农村经纪人判断肉品质量好坏能起到重要的参考作用。

②肉的颜色:肉的颜色对肉的质量及可接受性影响很大,刚屠宰的鲜肉呈淡红色,很快变为鲜红色,放置一段时间后变为紫红色,冻结和烧煮都会不同程度地影响肉的颜色。作为农村经纪人,可以通过肉的颜色判断肉

的新鲜程度。鲜肉的颜色是可以发生改变的:放血不良使肉呈暗红色而湿润,保存性较差;肉在成熟过程中表面干燥浓缩,使肉色变暗变深;各种病理原因如牛黑腿病、白肌病等,都可使肉苍白、发黑、发绿等;腐败使肉发灰、发黑、发绿等;冻肉的胴体表面肉色不变,砍开面呈淡灰色,融冻后又呈鲜红色,二次冻结的肉呈暗红色且脂肪及骨髓被染红;气封装的各种气体对肉色有影响,如纯二氧化碳对肉色有损害,纯氮则对肉的成色有利。因此,农村经纪人在发现肉的颜色发生改变时,要能大致判断肉色改变是病理原因,还是其他原因,这样才能对肉的质量进行把关。

③肉的气味:判断肉的品质除了可以看颜色外,还要闻气味。影响肉的气味有生理原因,如母牛肉和腱牛肉带有令人愉快的气味;山羊肉比绵羊肉膻腥气重;未阉割的公山羊或公猪的肉,腥臭气特别严重;动物宰前饲喂某些特殊饲料,会影响肉的气味,如绵羊长期喂萝卜则肉会有强烈的臭味,喂甜菜根则有肥皂等气味;宰前经口服或注射的药物,都有可能影响肉的气味。

④肉的弹性:肉的弹性、坚度、韧度和嫩度是体现肉质量的另外一些指标。肉的弹性是指肉在加压时缩小,去压时又复原的能力。用手指按压肌肉,如指压形成的凹窝迅速平复,表示肉有弹性,新鲜度和品质良好。解冻的肉往往失去弹性。肉的坚度表示肉的结实程度,指

肉对压力的抵抗性，依动物种类、年龄、性别等而不同。肉的韧度是指肉在被咀嚼时具有高度持续性的抵抗力。肉的嫩度较好，通常是指煮肉时品质柔软、多汁和易于被嚼烂。为满足消费者的需要，可以从育种、饲养、管理、宰后肉的成熟、烹饪等方面进行肉的嫩化。

(2)异常肉品：农村经纪人要有对异常肉进行检验的基本常识，才能确保肉品质量。生理、病理及外界环境等多方面的原因，会使畜禽的肉品出现异常。

①腥臭：公猪、公羊或新近阉割的公猪肉常具有强烈的腥臭，大母猪肉或许也有。这些具有腥臭的胴体可经过长时间的冷凉过程，而使腥臭味变小。当腥臭不显著或加工成熟肉制品时要特别注意，具有强烈腥臭的肉品不适宜食用。

②肉的异常色泽：饲料等外在因素和机体内的色素代谢机能失调，能引起脂肪和肌肉发黄，若肉没有大的不良味道，则可供人食用。黄疸、黄色病变、骨血色素沉着病、广泛性出血等病理性原因所导致的肉变黑、发黄，就不能食用。

③病畜禽肉：病畜禽肉是不能给人食用的，一般用做工业生产或销毁。

④毒物残留肉：由于工业的迅速发展以及合成工业的发展，畜禽的机体受到各种化学药品以及激素污染，致使畜禽屠宰后的肉品中含有残留毒物。包括土壤改

良剂、化学肥料、杀虫剂、除草剂、驱虫剂、催肥剂、激素、微量元素、工业废物、添加剂、消毒剂等。这些残留毒物都可以引起人们的急性或慢性中毒，影响人们的健康。农村经纪人在开展交易时，一旦怀疑有毒物残留的肉品，须采用专门的卫生检验方法或请专业检测机构进行检验，以确保质量。

2. 乳品

与世界发达国家相比，我国奶业产量与人均消费量都有较大的差距。原料乳的质量参差不齐，优质乳比例较低，乳制品品种相对单一，奶粉约占 70%，且冲调性较差，质量不稳定。乳品按畜种分为牛乳、羊乳、马乳、水牛乳和牦牛乳。乳类产品从总量看，主要还是牛乳产品，约占乳总产量的 88.6%。乳制品的验收与检验是农村经纪人要具备的基本技能。

(1)检验原料乳的质量。制造优质的饮用品及乳制品，必须选用优质原料，特别是提供加工饮用乳、酸牛乳、干酪、炼乳的原料必须是优质的。作为原料乳的生鲜牛乳，国家标准从感官、理化及微生物指标方面已有了明确规定：生鲜牛乳是由正常饲养的健康母牛挤出的新鲜乳；初乳和末乳不得作为原料乳食用；收奶温度要求夏天为 8℃，冬天在 10℃以下；具有纯正的鲜奶所固有的清香味和滋味，不得有酸臭味、苦味、霉味和金属味等；不得有肉眼能见的草屑、牛粪、尘土等杂质，无沉淀物出现;酸度不超过20°T;乳的密度为1.028~1.032,含脂率不得低于3%,无脂乳固体物不低于8%;不得使用防腐剂、抗生素和其他任何有碍食品卫生的物质。

(2)验收原料乳时,除了根据标准进行感官指标的检验外,还要进行理化性质、微生物方面的检验。

(3)对于乳酸菌类饮料,以鲜乳、乳粉或辅以大豆等为原料,经嗜热链球菌或保加利亚乳酸杆菌发酵加工制成的,具有相应风味的活性或非活性乳酸菌饮料等,都有规定的感官指标、理化指标和微生物指标,农村经纪人要有所了解。

3. 蛋品

蛋品营养丰富,是人们生活中不可缺少的产品之一。我国蛋品生产从20世纪80~90年代进入了高速发展时期。我国蛋品加工的历史悠久,种类繁多,在不同地区都有人们喜爱的品种,如松花蛋、五香茶蛋、咸蛋等。随着高新技术的研究、开发和应用,蛋品加工业将会得到进一步的发展。正是因为如此,蛋品成为农村经纪人交易的重要商品之一。禽蛋的质量指标以及鉴定,也就成为农村经纪人应该掌握的基本知识和技能。

(1)禽蛋的质量指标:蛋壳状况是影响禽蛋商品价值的一个主要质量指标。蛋壳状况主要从蛋壳的清洁程度、完整状况和色泽三方面来鉴定。质量正常的鲜蛋,蛋壳表面应清洁,蛋壳完整无损,无咯窝、无裂纹及流清等。蛋壳的色泽应当是各种禽蛋所固有的色泽，表面无油光发亮等现象。

①蛋的形状：常用蛋形指数来表示。标准禽蛋的形状应为椭圆形，蛋形指数在1.30～1.35。蛋形指数大于1.35者应为细长形，小于1.30者近似球形，这两种形状的蛋在储存过程中极容易破损，所以在包装分级时，要根据情况区分对待。

②蛋的重量：除与禽蛋的品种有关外，还与蛋的储存时间有较大关系，由于储存时蛋内水分不断向外蒸发，储存时间越长，蛋越轻。我国出口的鲜蛋都以重量作为划分等级的标准。鸡蛋的国际重量标准为58克/个。不同重量的蛋，其蛋壳、蛋白和蛋黄的组成比例也不同。随着蛋重量的增大，蛋壳和蛋白比例相应增大，而蛋黄比例则基本稳定，在蛋制品工业中选择原料时要充分考虑这一点。

③蛋的相对密度：与重量大小无关，与蛋类存放时间长短、饲料及产蛋季节有关。鲜蛋相对密度一般在1.060～1.080，若低于1.025，就表明蛋已经陈腐。

④蛋白状况：是评定蛋的质量优劣的重要指标，可用灯光透视和直接打开两种方法来判明。质量正常的蛋，应当是浓厚蛋白含量多，占全部蛋白的50%～60%，无色、透明，有时略带淡黄绿色。灯光透视时，如果看不见蛋黄的暗影，蛋内透光均衡一致，表明浓厚蛋

白较多,蛋的质量优良。

⑤蛋黄状况:是表明蛋质量的又一重要指标,可用灯光透视或打开来鉴定。灯光透视时,以看不到蛋黄的暗影为好;若暗影明显且靠近蛋壳,表明蛋的质量较差。蛋打开后,常以测量蛋黄指数(蛋黄高度与蛋黄直径之比)来判定蛋的新鲜程度。新鲜蛋的蛋黄几乎是半球形,蛋黄指数在 0.40 ~0.44,存放很久的蛋,蛋黄是扁平的。当蛋黄指数小于0.25 时,蛋黄膜极易破裂,出现散黄。合格蛋的蛋黄指数为0.3 以上。

⑥蛋内容物的气味和滋味:这两种味道是说明蛋内容物成分有无变化或变化大小的质量指标。质量正常的蛋,打开后只有轻微的腥味,而不应有其他异味。煮熟后,气室处无异味,蛋白色白无味,蛋黄味淡而有香气。若打开后能闻到臭气味,则是轻微的腐败蛋。严重腐败的蛋可以闻到氨气及硫化氢的臭气味。

(2)禽蛋的质量鉴定:目前广泛采用感官鉴定法和光照透视鉴定法,在需要时还可以进行理化和微生物学检验。

①感官鉴定法:感官鉴定法主要是凭借检验人员的技术经验,靠感官,即眼看、耳听、手摸、鼻嗅等方法,以外观来鉴别蛋的质量。

眼看:主要是用肉眼观察蛋壳色泽、形状、壳上膜、蛋壳清洁度和完整情况。新鲜蛋蛋壳一般比较粗糙,色泽鲜明,表面干净,附着有一层霜状胶质;不清洁、壳色油亮或发乌发灰,甚至有霉点,就是陈蛋。

耳听:通常用敲击法或振摇法。敲击法就是从敲击蛋壳发出的声音来判定蛋的新鲜程度,有无裂纹、变质,以及蛋壳的厚薄程度。新鲜蛋放到手里沉甸甸的,敲击时声坚实,清脆似碰击石头;裂纹蛋发声沙哑,有"啪啪"声;大头有空洞声的是空头蛋;钢壳蛋发声尖细,有"叮叮"声。摇振法就是将禽蛋拿在手中振摇,有内容物晃动声响的为散黄蛋。

鼻嗅:是指用鼻子闻蛋的气味是否正常。新鲜鸡蛋没有异味,但有轻微腥味。有些蛋虽然有异味,但是属于外源污染,蛋白和蛋黄正常。有霉味的是霉蛋,有臭味的是坏蛋。

②光照透视鉴定法:这种方法是利用禽蛋蛋壳的透光性,在灯光透视下,观察蛋壳结构的致密度,气室大小,蛋白、蛋黄、系带和胚胎等的特征,对禽蛋进行综合品质评价的一种方法。这种方法准确、快速、简便,在鲜蛋经营和蛋品加工时普遍采用。

③理化鉴定法:理化鉴定法主要包括相对密度鉴定法和荧光鉴定法。

相对密度鉴定法是将蛋置于一定密度的食盐水中,观察其沉浮、横竖情况来鉴别蛋新鲜程度的一种方法。新鲜蛋有一定的相对密度,随储存时间的延长,蛋内水分不断蒸发,蛋相对密度也日趋下降,所以根据蛋的相对密度可以判断蛋的新鲜程度。要测定鸡蛋的相对密度,须先配制各种浓度的食盐水,质量正常的新鲜蛋的相对密度在1.08~1.09。若低于1.05,表明蛋已陈腐。

荧光鉴定法是在紫外线照射时,用观察蛋壳光谱的变化来鉴别蛋新鲜程度的一种方法。质量新鲜的蛋,荧光强度弱;而愈陈旧的蛋,荧光强度愈强,即使有轻微的腐败,也会引发光谱的变化。最新鲜蛋的荧光反应是深红色,渐次由深红色变为红色、淡红色、青色、淡紫色等,可根据这些光谱变化来判断蛋质量的好坏。

七、水产品经纪人

中国是世界上内陆水域面积最大的国家之一,海域辽阔,有渤海、黄海、东海和南海等,海岸线长达1.8万千米,同时中国海域还地处几个不同的气候带,水产品种类繁多。中国内陆水域定居繁衍的鱼类,据不精确统计,不入海的纯淡水鱼有700多种,主要经济鱼类有200多种。海水鱼类包括大黄鱼、小黄鱼、黄姑鱼、白姑鱼、带鱼、鲳鱼、鲈鱼、石斑鱼、海鳗、金枪鱼等。淡水鱼有青鱼、草鱼、鲫鱼、鲤鱼等。因此,水产品经纪人了解鱼类质量的判断标准十分重要。

1. 鱼产品的新鲜度及鉴定

鱼越新鲜,风味和质量就越好,在销售时就可以获得更好的经济效益。刚捕获的新鲜鱼,具有明亮的光泽,附着一层透明均匀的稀薄黏液,眼球明亮突出,鳃为鲜红色,肌肉组织柔软可弯。鱼的气味是新鲜的,多脂鱼还有诱人的脂香。但是鱼不容易保存、容易腐烂变质,特别是在气温比较高时。因此,水产品经纪人要保证交易鱼类的新鲜与质量,就要对鱼的新鲜度有准确判断。

鱼死后会发生一系列变化,可以分为 3 个阶段,每到一个阶段,鱼的新鲜度就下降一个等级。

(1)初期生化变化和僵硬:鱼死后肌肉收缩变硬,鱼体进入僵硬状态。在此阶段鱼的特征是肌肉缺乏弹性,如用手指压,指印不易凹下;手握鱼头,鱼尾不会下弯,口紧闭,鳃盖紧合,整个躯体挺直。随着乳酸在鱼体内的生成和蓄积,鱼肉 pH 不断下降,最终肌肉收缩剧烈,保水性也下降。有时不带骨的鱼肉片还会产生裂口,并有汁液从鱼肉中渗出。处在僵硬期的鱼体仍然是新鲜的,可以作为判断新鲜度的依据。

(2)解僵和自溶:鱼体僵硬持续一定时间后,肌肉重新变得柔软,但却失去了僵硬前的弹性,质量下降。鱼体解僵自溶过程,是由良好新鲜度逐渐过渡到细菌腐败的中间阶段。

(3)细菌腐败:在微生物的作用下,鱼体中的蛋白质、氨基酸及其他含氮物质被分解成氨等低级产物,产生腐败臭味。细菌腐败主要表现在鱼体、眼球、鳃、腹部、肌肉的色泽、组织状态以及气味等方面。鱼的眼球往往陷入眼窝。鱼鳃在细菌酶的作用下,失去原有的鲜红色而变成褐色甚至灰色,并产生臭味。同时鱼体本身会伴有骨肉分离的状况。

了解鱼体变化的3个阶段,就可以判断鱼的新鲜程度。鉴定鱼鲜度的方法有感官法、微生物法、化学和物理鉴定法等。

2. 虾蟹类的质量判断

(1)体表鉴别:新鲜的海蟹体表色泽鲜艳,背壳纹理清晰而有光泽,腹部甲壳和中央沟部位洁白有光泽,脐上部无胃印。次鲜海蟹体表色泽微暗,光泽度差,脐部可出现轻微的“印迹”,腹部中央色泽变暗。不新鲜的腐败海蟹体部及腹部甲壳色暗,无光泽,腹部中央沟出现灰褐色斑纹或斑块,或能看见黄色颗粒状物质。

(2)判断蟹鳃:新鲜海蟹鳃丝清晰,呈白色或稍带微褐色。次鲜海蟹鳃丝尚清晰,色变暗,无异味。腐败海鲜则鳃丝污秽模糊,呈暗褐色或暗灰色。

(3)判断肢体及其鲜活度:新鲜海蟹肢体连接紧密,提起蟹体时不松弛、不下垂,活蟹反应机敏,动作快速有力;生命力明显衰减的活蟹,反应迟钝,动作缓慢而软弱无力,肢体连接程度较差,提起蟹体时蟹足中度下垂或挠动;全无生命的死蟹,已经不能活动,肢体连接程度很差，在提起蟹体时蟹足与蟹背呈垂直状态，甚至残缺不全。

作为水产品，除了鱼、虾、蟹外，还有软体动物类、藻类等。农村经纪人需要针对自己经营的产品学习相关的商品知识，才能在交易中处于优势地位。

第三章 经纪运作程序及经纪合同

第一节 经纪运作程序

经纪运作程序是指经纪人依据经纪业务的实际情况进行设计的运作过程，它是经纪活动生存的根基，是经纪业务的生命线。经纪业不同于其他中介服务业，运作程序没有固定的标准，由于经纪业务的不同，经纪运作程序也不同。一般经纪运作程序，包括接受委托，签订经纪合同，寻找相对方，促成交易成交。

一、接受委托

委托又称委任，是指当事人和经纪人的双方约定，当事人为委托（委任）人，经纪人为受托（受任）人，当委托人向经纪机构或经纪人提出委托要求时，并就权利义务达成约定后标志着经纪活动开始运作。

1. 经纪人在委托中的义务

经纪人在接受委托人的委托后，必须承担下面几项义务：

(1)按照委托人的委托要求处理委托事项。经纪人所处理的事项是委托人所委托的事务，经纪人应该按照委托人的指令处理，不得违背。

(2)经纪人在经纪运作中不得私自转托。委托人委托经纪，是建立在对经纪人信任基础上的，因此，经纪人接受委托后，应当亲自处理各项事务，不得将受托的事务转托其他人。

如果需要转托其他人，必须事先征得委托人同意。

(3)及时通报处理事项进展情况。经纪人在经纪活动过程中，应该及时向委托人通报事务处理的进展情况、存在的问题等，以便委托人及时了解情况。找到合适的合作伙伴后，经纪人应及时向委托人汇报最终结果，促成交易成交。

(4)妥善保管委托人交付的样品、预付款、保证金。经纪活动结束后，应及时退还给委托人。

(5)经纪人由于自己的过错，给委托人造成损失，应当依约履行法律义务，承担赔偿责任。

2. 委托人在委托中的义务

委托人在委托经纪人之后，应该承担以下几项义务：

(1)支付费用。经纪人为完成委托人的委托事项而必需的费用,应当由委托人支付,支付的方式可分为预付和偿还两种方式。特别是经纪人为完成所委托的事务自己垫付的费用,委托人有无条件支付的义务。

(2)清偿债务。委托人对于经纪人在授权范围内所处理事项产生的债务应当清偿。如果经纪人超越授权范围从事经纪活动,委托人对此没有明确表示反对,依照《民法通则》有关规定,视为委托人同意,故委托人对经纪人在此期间所负的债务,同样有清偿义务。

(3)支付佣金。佣金是经纪人的劳动报酬,委托人应及时向经纪人按费率如数支付佣金。

(4)赔偿责任。经纪人在经纪活动中,由于委托人的指令造成的损失,委托人应无条件赔偿。

二、签订经纪合同

签订经纪合同与签订其他合同一样,均要经过要约和承诺两个程序。

1.要约

要约是指当事人的一方以缔结合同为目的,向对方(相对人)即受要约人所作的一种意思表示,亦即由一方通知另一方表示有与他订约的一种意思;同时,这种意思表示具体、明确,表明一旦经“受要约人”承诺,要约人即受该意思约束。

提出要约的一方称为要约方，接受要约的一方称为受要约方或相对人。要约可以向特定人发出，也可以向非特定人发出。要约的形式有口头要约和书面要约两种。口头要约从受要约人接受要约时开始发生法律效力，书面要约从送达要约人时发生法律效力。要约生效后，受要约人只是取得了承诺的资格，还没有承诺的义务。

要约人提出要约时，除了表示订立合同的意思外，还必须提出订立合同的主要条款，以及要约人做出承诺的时间和方式，以便受要约人考虑是否接受要约。要约人在得到受要约人的认可后，要约开始生效。在要约的有效期限内，要约人受要约的约束，有与受要约人订立合同的义务，不能随便撤回要约。

要约方和受要约方是经纪当事人的双方。如果委托人是要约方，那么经纪人便是受要约方。要约方有权要求受要约方（经纪人）按合同的约定实施居间行为，如果受要约方不能履行其约定的义务，要约方有权拒绝支付佣金；如果受要约方因虚假报告或隐瞒实情，造成要约方的利益受到损害，要约方有权就受要约方的违约行为要求赔偿损失，终止合同。同时要约方也必须履行自己的义务，在受要约方的经纪活动资格取得的同时，依照合同约定向受要约方支付费用。

如果要约方是经纪人，委托方是受要约方，那么要约方应该本着诚实信用原则，将其了解、掌握的对方情况如实报告给受要约方，不得隐藏真相，不得违背受要约方意愿，不得损害受要约方的利益。要约方还必须真实地为受要约方提供信息、订约条件，力求双方达成协议。只有达成协议后，要约方才有权要求得到费用补偿和获得佣金。

要约可以变更。受要约方对要约的内容，如有关合同标的、数量、质量、价款或者报酬、履约期限、改变地点和方式、解决争议方法等变更，是对要约内容进行实质性变更。这种对要约内容做出实质性变更后的要约，为新要约。

要约可以撤回，也可以撤销。撤回要约的通知应当在要约到达受要约方之前或者与要约同时到达受要约方。撤销要约的通知应当在受要约方发出承诺通知之前到达受要约方。但有下列情形之一的要约不得撤销：要约方确定了承诺期限或者以其他形式明示要约不可撤销；或受要约方有理由认为要约是不可撤销的，并且已经为履行合同做了准备工作。

有下列情形之一的要约失效：拒绝要约的通知到达要约方；要约方依法撤销要约；承诺期限届满，受要约方未做出承诺；受要约方对要约的内容做出实质性变更。

2. 承诺

承诺是相对于要约而言的，是受要约方按照要约方所指定的方式和时间，同意要约方的意思表示。即对要约方发出的要约与承诺的内容完全一致，没有任何异议，全部接受，并表示完全同意的一种答复。

简单地说，承诺就是受要约方对要约的反应。承诺的内容与要约的内容相同。如当事人有特别的约定，或要约方预先有特殊要求，则应该按其约定或要求办理。除法律有特殊规定或当事人预先有约定的外，沉默不能作为承诺的方式。即使要约方单方在要约中表明不表示承诺与否即为承诺，对受要约人也发生法律效力。

可见，有效承诺必须由受要约人做出；在要约有效期内做出；与要约内容完全一致；如果受要约人对要约内容做出实质性变更的，为新要约。受要约人向原要约人提出要约，须经原要约人的承诺合同才能成立；承诺的传递方式必须符合要约提出的要求。

承诺一般以通知的方式做出，通知到达要约方时生效。

承诺对要约内容做出非实质性变更的，除要约方及时表示反对或者要约方表明承诺不得对要约内容做出任何变更的以外，该承诺有效，合同的内容以承诺的内容为准。

承诺可以撤回。撤回承诺的通知应当在承诺通知到达要约方之前或者与承诺通知同时到达要约方。承诺生效的地点为合同成立的地点，承诺生效时合同成立。

当经纪合同双方完成了要约和承诺的步骤后，经纪合同开始生效。经纪合同包括的主要条款有：当事人的姓名、委托的经纪事项、期限、经纪事项的种类、范围、要求及佣金的数额、给付方式及时间、费用负担和违约责任等。

三、寻找相对方

签订经纪合同后，经纪人便要履行合同中的委托事项，认真寻找，选择其与委托方相对应的相对方（第三方或第二委托人），并本着对委托方认真负责的态度，对相对方的资信情况和履约能力进行调查了解，以便做到心中有数。

1. 调查相对方的资信情况

资信，即资金和信用。资金是相对人有权支配、运用于生产经营过程中的财产的货币形态，而信用是指相对人在商品交易中以往的支付、借债能力。经纪人可以通过相对方的开户银行，了解其债权债务情况及资信情况；通过相对方的主管部门了解生产经营、资产、原材料供应、技术装备、产品质量、人员素质等情况；通过相对方所在地的工商行政管理部门，了解其是否具有法人资格和注册资本、核算形式和经营范围等；通过相对方的客户，了解其产品的质量、信誉等情况。

2. 调查相对方的履约能力

履约能力是指相对方资信以外的技术和生产能力、原材料与能源供应、产品质量、工艺流程、加工能力、信誉高低等方面的情况。即了解相对方与委托方签约后，是否具有实现合同所必需的人力、物力、财力和信誉的保证。

通过对相对方的调查了解后，经纪人方可及时促成交易成交。

四、促成交易成交

经纪人为委托方提供签约的信息、机会、条件，促成交易成交是经纪活动的根本目的，也是经纪程序的最后过程。

通过对相对方的调查了解后，确信相对方资信情况良好、履约能力强、商誉值高，就可选择恰当的时间，一个较好的环境，让委托方和相对方在平和的心态下见面、洽谈。这个环节极其重要，要把握好火候，否则功亏一篑。洽谈可分为3个步骤。

1. 报价与还价

在寻找到交易对象或交易对象的经纪人后，经纪人应将所要传达的信息完整地告知对方，同时要运用各种方法和技巧了解对方的需要。这里，经纪人所要传达的信息主要是价格，即报价，因为双方的谈判主要是价格的谈判。在报价以后，如果对方同意报价条件，就说明对方有意成交，可通过进一步谈判讨论其他条款，签订合同，从而完成交易过程。如果对方有意成交，但不同意报价中的某些条款，在通过运用各种技巧确认对方的立场后，可在委托授权范围进行讨价还价。如果委托人没有授权，那么应征求委托人的意见，取得授权后才能讨价还价。此时，经纪人不能擅自主张，否则委托人不予接受，后果就要由经纪人自己承担。讨价还价是经纪谈判的关键环节，双方应据理力争，直到在某一价格水平上都能满意为止。

2. 拍板成交

经过讨价还价，双方达成一致意见后就可以拍板成交。一般最后拍板成交的决策权在委托人，所以在与对方达成一致意见后，经纪人应立即向委托人汇报，由委托人最后拍板。有时委托人委托经纪人全权代理，或者委托经纪人签订的合同属于行纪合同，只要谈判的价格满足委托人的意思，经纪人就可以代为拍板成交。

3. 签约

谈判结束后，谈判双方应以书面形式将谈判结果记录下来，并以此约束各自的行为。在这种情况下，需要双方签订合同。只有签订具有法律效力的合同，才能使谈判具有实际意义。需要指出的是，不论委托人是否参与谈判过程，签约工作一般都是买卖双方当事人直接进行的。经纪人可以以第三者的身份参与签约工作,并有权根据所签订的委托合同请求当事人支付约定的佣金,并把佣金的支付数量标准及支付方式写入具有法律效力的成交合同中去,以防成交后被甩掉。

收取佣金是经纪运作的尾声。按照经纪合同及时清结的特点,佣金数额由经纪人与委托人通过合同约定,约定标准可以参照国际、国内惯例,或者双方协商确定。佣金的提取通常可采用比例提成法(即按成交总额的一定百分比采用递减的方法)和总额承包法获得。此时经纪活动才算圆满完成。

科学的经纪程序,来自于社会经纪的实践活动;经纪中介服务成功率的高低,在很大程度上取决于经纪机构的健全、完善和成熟的程度。

五、联手经纪运作

联手经纪运作是指由多个经纪机构或经纪人共同完成一项或一系列经纪业务,每个经纪机构或经纪人只参与整个经纪运作的一个步骤或几个步骤。联手经纪运作是经纪活动的必然结果,是市场对高效经纪运作的要求。

面对复杂的经纪活动,经纪人如果仅凭自身的力量往往会感到势单力薄、力不从心,从而降低经纪效率。因此,经纪人联手经纪活动即合作经纪运作便应运而生。联手经纪运作不同于在某地、某市的合伙经纪公司和经纪人事务所。它是指在商品或劳务流通过程中的各个环节上，由许多经纪人组成的经纪服务链。经纪人联手进行的经纪活动可以大幅度节省时间，提高效率。

联手经纪运作参加者往往具有一种比较牢固的纽带关系。他们或者是由血缘关系联系起来的宗族亲戚，或者是比较牢固的同学战友关系，或者是一些志同道合的朋友关系。他们保持思想和行动上高度的一致性，在经纪活动中分工协作，有的负责信息和市场行情的采集，有的负责联系货源，有的负责联系检验，有的负责联系包装和运输，有的负责联系销路及促销工作，有的负责货款回收等。大家齐心协力，风险共担，利益共享。

在很多时候，联手经纪人的成分比较复杂，有大学生、教师、农民、工人等。因此，组成经纪人联手的首要条件是相互之间必须高度信任，不能打“小算盘”，各自为政。联手经纪活动对每一个成员的素质要求也较高，因为流通环节多，涉及面广，无论在哪一环节出现问题，都会影响到生意的成交。对于一个经纪联手链，其头尾两个经纪人的能力和素质尤为重要，也就是说直接与买卖双方打交道的经纪人必须是靠得住的，否则这“一头、一尾”出现问题，往往会使整个联手经纪运作前功尽弃。

第二节 经纪合同

一、概述

合同是平等主体的自然人、法人、其他组织之间设立更、终止民事权利义务关系的协议。经纪合同是合同的一种，是指经纪人为促成委托方和相对方（即第三方）订立交易合同而进行联系、提供信息、介绍商品性能等中介服务活动，所达成的具有一定权利和义务关系的协议，是平等主体委托方、经纪人、相对方）之间设立、变更、终止民事权利、义务关系的协议。

经纪合同当事人（委托方和经纪人）的法律地位平等，应当遵循公平原则，确定各方的权利和义务，任何一方不得将自己的意志强加给另一方。当事人依法享有自愿订立合同的权利，任何单位和个人不得非法干预。在行使权力、履行义务时，应当遵循诚实信用原则，遵守法律法规、社会公德，不得扰乱社会经济秩序，损害社会公共利益。

经纪合同一旦成立，对当事人各方都具有法律约束力。当事人应当按照约定履行自己的义务，不得擅自变更或解除合同。依法成立的经纪合同受法律保护。

1. 经纪合同的内容

一份完整的经纪合同,应当包括经纪人和委托人的名称和住所;经纪事项及样品保管责任;经纪事项的要求和标准;经纪期限;佣金的标准、给付方式和期限;违约责任和纠纷解决方式;解决争议的办法;经纪人和委托方认为应当约定的其他事项。经纪合同中的主要条款如下:

(1)提供中介服务的标的。合同标的是指合同当事人的意思表示所共同指向的对象。书写经纪合同标的时,要表述清楚委托人委托经纪人干什么,如在经纪合同上应该书写"提供购买(或推销)××商品的机会"或"介绍提供(或购买)××商品的对应方"。

(2)对标的的具体要求。协商确定标的的具体要求,是确定双方当事人责任的主要内容,也是中介服务标的的具体化,主要是委托方需要获取或出售商品的具体要求,如商品品种、规格、型号、产地、数量、质量要求、商品的保管责任、价格浮动幅度、交货期限等。

(3)经纪人完成中介服务的期限。通过协商,应该商定经纪人在什么期限内找到符合标的具体要求的对应方;同时还应该协商在约定的期限内,经纪人未能完成中介服务,即没有找到符合标的具体要求的对应方,是否作违约处理,也应该书写清楚。

(4)佣金及其支付办法。佣金是经纪合同双方当事人权利、义务大小的重要体现,必须明确约定:佣金的数额或提取比例;结算方式;支付期限;有关佣金的其他规定。

(5)违约责任。合同当事人由于自己的过错,不履行或不适当履行合同所规定的义务,必须承担继续履行、采取补救措施或者赔偿损失等由此而产生的法律后果,即违约责任。就经纪合同来说,承担违约责任的主要方式是支付违约金和赔偿金两种。

2. 经纪合同的种类

(1)按委托方授予经纪人的多少,可将经纪合同分为独家经纪合同、多家经纪合同和保留经纪合同。

独家经纪合同是指委托方将经纪事务授予经纪人独家经纪。在规定经纪期限内,委托方不得再委托其他经纪人或者自行处理。

多家经纪合同则是指将经纪事务授予多个经纪人经纪,最先完成经纪的经纪人有权获取佣金,但在规定经纪期限内委托方不得自行处理。

保留经纪合同是指委托方将经纪事务授予一个或者数个经纪人。在经纪人声明完成经纪事务以前,保留自行处理权利。经纪人取得委托方书面同意后,方可与其他经纪人签订联合完成经纪事项的经纪合同,并按约定分配佣金。

(2)按经纪业务的种类,可将经纪合同分为委托合同、行纪合同和居间合同。

3. 签订经纪合同的注意事项

签订经纪合同是一项具有法律意义的行为，意味着经纪中介服务活动的开始，因此，经纪人在签订经纪合同之前必须谨慎。

(1)审查委托人的资格和能力。在接受委托人的委托业务时，先要认真审查委托人是否具有法人资格，是否属于国家规定的按审批程序成立的法人组织，有无公司章程和营业执照。

在审查委托人资格时，要特别注意不能给那些已被吊销营业执照、取消法人资格的企业或组织进行中介活动，他们无权签订经纪合同；也不能直接给法人内部的职能机构和生产组织(如科室、车间等)进行中介活动。

在对委托人的经营能力进行审查时，主要是审查委托人的经营活动是否包含在其公司章程和营业执照批准的范围内。根据有关法律规定，委托人无权进行超越其职责范围和业务范围的工商经营活动。

对法人能力的审查，包括对签约的具体经办人的审查。一切合同须由法人的法定代表人授权的承办人签订，即委托人起码是取得代表人授权证明的承办人。

(2)审查委托人的委托行为。在签订经纪合同时首先应该审查、了解委托人的经营范围和委托物品的合法性。如国家规定金银不能在市场上自由买卖，经纪人就不能为非金、银经营单位提供金银经营的订约机会，或充当订约的介绍人。

(3)注意对标的的具体要求。对标的的具体要求，应该根据双方当事人各自的实际情况，特别是经纪人的实际能力，经过协商，做出适度的规定，既不能过于具体，又不能过于原则。过于具体，虽然增强了第三方的针对性，能提高中介经纪服务的成功率，但限制了经纪人的活动范围，为寻找第三方增加了难度；过于原则，虽然扩大了经纪人的活动范围，但会影响委托人与第三方订约的成功率。

(4)其他注意事项。对于完成中介服务的期限，应该根据委托人的要求和经纪人能够完成经纪业务的把握程度，做出适度的规定。佣金比例要适当，必须用人民币结算、支付。居间人不能同时充当委托人的代理人，直接与第三方签订合同(隐名经纪人除外)。

合同字迹要书写清楚，意思表示要明确，切不可模棱两可，责任不清。

二、委托合同

委托合同是经纪人常见的一种合同形式。在现实经纪活动中往往会出现这样的情形：某一经纪人长期为某一客户提供中介服务，客户对该经纪人非常信任，这样客户的经营活动不仅需要经纪人中介，而且委托该经纪人代表他搞经济活动,这时客户与经纪人之间形成了委托代理关系。另一种情况是客户因客观原因制约(如路途遥远、时间紧),自己亲自进行某种经营活动不便,就委托经纪人代替自己进行此项经营活动。在这两种情况下,经纪人实质上已转化为委托代理人,以此种代理关系为依据,经纪人同客户订立的合同便是委托合同,或称代理合同。

委托合同就是指双方当事人约定;受托人以委托人的名义,为委托人办理委托事务,由委托人负担办理委托事务所需要的费用,并向受托人支付约定报酬的协议。在委托合同关系中,一方当事人为委托方,另一方为受托方。

委托合同在社会生活中适应范围广,公民之间、法人之间、公民与法人之间都可订立委托合同,我们这里要研究的是经纪中介服务活动中的委托合同,即委托方和经纪人约定,由经纪人处理委托方事务的合同。

1. 委托合同的特征

(1)委托合同的订立以双方当事人相互信任为基础。委托合同是委托、受托双方意思表示一致的结果,也包含着委托方对受托方能力和水平的估价和信任,受托人对委托方的了解,对科技商品承担中介任务的意愿。委托合同订立后,受托方应该亲自处理委托方委托的事务;未经委托方同意不得转托他人处理,因此委托合同具有严格的人身特性。

(2)委托合同中的受托方应该依委托方的指令,以委托方的名义和费用从事委托活动。受托方在处理委托方委托的事务过程中,只有按委托方的指令,以委托方的名义和费用从事委托活动,委托方才承担受托方为处理受托事务而产生的行为后果。因此,受托方必须在委托方授权范围内,以委托方名义而非自己的名义进行活动。

(3)委托合同可以是无偿合同,也可以是有偿合同。委托合同的无偿或有偿,主要看委托方是否向受托方支付报酬来确定。

(4)委托合同的形式可以是口头的,也可以是书面的。

2. 委托合同的履行、变更、终止和责任

经纪人应履行委托合同中的委托人委托的事务。委托方可以特别委托经纪人处理一项或者数项事务,也可以委托经纪人处理一切事务。委托方应当预付处理委托事务的全部费用,包括经纪人为处理委托事务垫付的必要费用,委托方应当偿还该费用及其利息。

经纪人如果需要变更委托方指令的,应当经委托方同意,如因情况紧急,难以和委托方取得联系时,经纪人应当妥善处理委托事务,事后应将该情况及时报告委托方。经纪人应当按照委托方的要求,报告委托事务处理情况,委托合同终止时,经纪人应该报告委托事务的结果。

经纪人处理委托事务取得的财产,应当转交给委托方。经纪人完成委托事务时,委托方应当向其支付佣金。因不可归责于经纪人的事由,委托合同解除或者委托事务不能完成的,委托方应当向经纪人支付相应的报酬(当事人另有约定的按照其约定办)。

委托合同的违约责任要视具体情况而定。有偿的委托合同,因经纪人的过错给委托方造成损失的,委托方可以要求赔偿损失。无偿的委托合同,因经纪人的故意或者重大过错给委托方造成损失的,委托方可以要求赔偿损失(经纪人超越权限给委托方造成损失的,应当赔偿损失)。经纪人处理委托事务时,因不可归责于自己的事由受到损失的,可以向委托方要求赔偿损失。委托方经经纪人同意,可以在经纪人之外,委托第三人处理委托事务,因此,给经纪人造成损失的,经纪人可以向委托方要求赔偿损失。两个以上的经纪人共同处理委托事务的,对委托方承担连带责任。委托方或者经纪人可以随时解除委托合同,因解除合同给对方造成损失的,除不可归责于当事人的事由外,应当赔偿损失。

委托方(人)或者经纪人死亡、丧失民事行为能力或者破产的,委托合同终止(当事人另有约定或者根据委托事务的性质不宜终止的除外)。因委托方(人)死亡、丧失民事行为能力或者破产,致使委托合同终止将损害委托方利益的,在委托方的继承人、法定代理人或者清算组织承受委托事务之前,经纪人应当继续处理委托事务。因经纪人死亡、丧失民事行能力或者破产,致使委托合同终止的,经纪人的继承人、法定代理人或者清算组织应当及时通知委托方。因委托方合同终止将损害委托方利益的,在委托方做出善后的处理之前,经纪人的继承人、法定代理人或者清算组织应当采取必要的措施。

3. 委托合同与第三人

一般情况下,经纪人应亲自处理委托事务。如果情况特殊,需要转委托的,必须事先经委托方同意,委托方可以就委托事务直接指令转委托的第三人,经纪人仅就第三人的选任及其对第三人指令承担责任。如果转委托未经同意,经纪人应当对转委托的第三人的行为承担责任,但在紧急情况下,经纪人为维护委托方的权益需要转委托的除外。

经纪人以自己的名义,在委托方的授权范围内与第三人订立的合同,第三人在订立合同时知道经纪人与委托方之间代理关系的,该合同直接约束委托方和第三人,但有确切证据证明该合同只约束经纪人和第三人的除外。

如果第三人不知道经纪人与委托方之间代理关系的，经纪人因第三人的原因对委托方不履行义务，经纪人应当向委托方披露第三人，委托方因此可以行使经纪人对第三人的权利。但第三人与经纪人订立合同时，如果知道该委托方就不会订立合同的除外。经纪人因委托方的原因对第三人不履行义务，经纪人应当向第三人披露委托方，第三人因此可以选择经纪人或委托方作为相对方主张其权利，但第三人不得变更选定的相对人。

委托方行使经纪人对第三人权利的，第三人可以向委托方主张其对经纪人的抗辩。第三人选定委托方作为其相对人的，委托方可以向第三人主张其对经纪人的抗辩以及经纪人对第三人的抗辩。

4. 委托合同中双方的义务

在委托合同中，经纪人应承担的义务，包括按照委托方的指令处理事务；亲自处理事务，不得擅自转委托；报告事务处理的情况；交付财物和转移权利；赔偿违约损失。

委托方在合同中的义务，包括支付费用，清偿债务，支付佣金，赔偿责任。

5. 委托合同的格式

委托合同的主要条款，包括委托人和受托人的姓名，委托事项，委托权限，期限，双方的权利和义务，报酬和委托终止等条款。书面形式的委托合同应包括标题、双方当事人的基本情况、正文和结尾四部分。标题一般为“委托合同”或“代理协议”、“委托书”等。

委 托 合 同

编号:字第　号

受委托人(经纪人或代理人,简称甲方):

委托人(简称乙方):

甲乙双方为实现委托代理事项,根据国家法律、法规的有关规定,本着平等、自愿、诚信、有偿的原则,在充分协商的基础上订立如下协议:

1. 委托事项:________________________________。

2. 代理权限:________________________________。

3. 酬金的数额和支付时间:甲方全部完成乙方的委托事项,可得酬金________________。

4. 违约责任:甲乙双方中的任何一方未全面履行此合同,都视为违约。违约方应向对方支付酬金________________%的违约金。守约方有权解除合同,给对方造成损失的,应由违约方赔偿。

5. 合同的有效期限:本合同自双方签字之日起生效,至合同全部事项清结时终止。

6. 纠纷的解决方式:本合同如发生纠纷,双方应本着互谅互让的原则协商解决。协商不成时,可通过________________________(仲裁、诉讼)途径解决。

7. 其他约定：______________________________。

双方当事人签字盖章

甲方　　　　　　　　　　　　　　　　　　乙方

合同订立时间：　　　　　　　　　　　　年　月　日

三、居间合同

居间合同又称中介合同或中介服务合同，是指居间人向委托方报告机会或者提供订立合同的媒介服务（提供订立合同的条件或者充当订立合同的介绍人），委托方支付佣金的合同。在居间合同关系中，一方当事人为委托方，另一方为居间人。

居间人的主要业务是介绍第三人与委托人进行商品买卖和其他民事法律行为。他既不代理委托人，也不以自己名义与第三人进行活动。居间业务过程中，居间人应该就其有关事项向委托方如实报告。如果居间人故意隐瞒与订立合同有关的重要事实，或者故意提供虚假情况，损害委托方利益的，不仅没有要求支付佣金的权利，而且还要承担损害委托方利益的赔偿责任。居间人促成委托方与相对方的交易，抓住了签约的机会、条件，订立了合同，那么委托方应当按照约定支付佣金。对居间人的佣金没有约定或者约定不明确的，可按照《中华人民共和国合同法》第61条处理。如果按照《中华人民共和国合同法》第61条仍无法明确的,就应该根据居间人劳务合同的规定,在居间人提供媒介服务而促成合同成立后,合同的当事人就应该理所当然地平均负担居间人的佣金。

1. 居间合同的特征

居间合同是经纪合同的基本类型。居间业务是商品经济发展的产物,是一种古老的商业活动。早在我国周朝、秦朝即已出现,特别是在现代市场经济条件下,居间制度更加完善、成熟。它具有如下基本特征。

(1)居间合同的居间人依照委托方的指令,为其寻找合乎要求的相对方,从而为合同的订立创造机会、提供条件。居间人是来往于委托方与相对方之间的中间人,传达双方意思,撮合双方订立合同。

(2)居间合同是双方当事人的意思表示一致的结果,合同双方都负有义务,合同的形式既可以是口头的,也可以是书面的,居间人提供服务后,就有权获得佣金。

(3)在委托人与第三人订立合同时,居间人并不参与,只是给予协助。居间人既不是订立合同的当事人,也不是任何一方的代理人,仅是双方的介绍人。

2. 居间合同中双方的权利和义务

居间合同中,委托人的权利,包括了解并在合同中约定居间人的经纪能力、活动范围、资信程度等;有权与居间人寻找到的符合签约条件的第三人签约。委托人的义务，包括委托人应向居间人说明委托事项的具体要求；委托事项完成后，向居间人支付规定或者约定的报酬及其他必要的费用。

居间合同中，居间人的权利，包括有权获取委托人委托事项的合同真实材料和有关背景材料；在完成委托后有权收取佣金，即中介服务费。居间人的义务，包括居间人应忠实于委托人的利益，按委托人的要求进行居间活动；讲诚实、守信用，不弄虚作假；需要保守秘密的，还有保守秘密的义务；居间人故意隐瞒与订立合同有关的重要事实或者提供虚假情况，损害委托人利益的，不得要求支付报酬并应当承担损害赔偿责任；必要时协助委托人与第三人订立合同。

3. 居间合同的格式

居间合同的主要条款，包括当事人的名称和地址，委托事项，佣金，完成委托事项的时间，违约责任等。居间合同的格式如下：

居 间 合 同

合同编号：

委托人：(简称甲方)

居间人：(简称乙方)

乙方接受甲方的委托，双方本着平等、自愿、诚信的原则，就委托事项协商一致，签订本合同。

第一，委托事项（需具体约定所委托的是提供订约机会，还是媒介合同的成立，以及委托事项的具体要求）。

第二，居间酬金的计算方法及支付的时间、地点、方式。

第三，违约责任。

第四，其他约定事项。

委托方：　　　　　　　　居间方：

单位（人）名称：　　　　单位（人）名称：

地址：　　　　　　　　　地址：

法定代表人或委托代理人：法定代表人或委托代理人：

电话：　　　　　　　　　电话：

传真：　　　　　　　　　传真：

邮政编码：　　　　　　　邮政编码：

开户银行：　　　　　　　开户银行：

账号：　　　　　　　　　账号：

签约地点：

签约时间　　　　　　　　年　　月　　日

合同有效期自　　　　　　年　　月　　日

四、行纪合同

行纪合同又称信托合同，是指行纪人根据委托人的委托,以自己的名义为委托方从事贸易活动(办理购销、寄售等),委托方支付报酬的合同。

行纪人接受委托方要约后,在经纪活动中处理委托事务,支付的费用由委托方负担。若委托方有委托物交给行纪人,行纪人应当妥善保管委托物。行纪人在接受委托物时,发现委托物有破损或者容易腐烂、变质的,应该及时向委托方提出,经委托方同意,行纪人可以处分该物件;如果接受委托物后,发现委托物有破损或者容易腐烂、变质的现象,和委托方又不能及时取得联系的,行纪人可以合理处分。

行纪人应按合同约定价格买入或卖出委托物,如果行纪人低于委托方指定价格卖出或者高于委托方指定的价格买入的,应当经委托方同意。未经委托方同意,行纪人补偿其差额的,该买卖对委托方发生效力。行纪人高于委托方指定价格卖出或者低于委托方指定的价格买入的,可以按照约定增加报酬。如果没有约定或者约定不明确,可以按照《中华人民共和国合同法》第61条"合同生效后,当事人就质量、价款或者佣金、履行地点等内容没有约定或者不明确,可以进行补充协议;不能达成补充协议的,按照合同有关条款或者交易习惯确定"的规定,该利益属委托方。委托方对价格有特别指令的,行纪人不得违背该指令卖出或者买入。行纪人卖出或者买入具有市场定价的商品,除相反的意思表示外,行纪人自己可以作为买入人或出卖人。

行纪人按照约定买入委托物,委托方应该及时受领。经行纪人催告,委托方无正当理由拒绝受领的,行纪人可依法提存委托物。委托物不能卖出或者委托方撤回出卖,经行纪人催告取回或者不处分该物的,行纪人可按有关规定提存委托物。

行纪人与第三人订立合同的,行纪人对该合同直接享有权利并承担义务。不承担义务致使委托方受到损失的,行纪人应当承担损失赔偿责任(如果行纪人与委托方另有约定的除外)。行纪人完成或者部分完成委托事务的,委托方应当向其支付相应的报酬。委托方逾期不支付报酬的,行纪人对委托物享有留置权。

1. 行纪合同的特征

(1)行纪人必须以委托方的利益为法律行为。行纪人从事购销、寄售等中介服务活动,并不是出于自己的需要,而是基于委托方的要求。行纪人的法律行为所产生的利益和损失,也都归属委托方。行纪人为委托方出售或购买的财产,没有特别约定的,在出售前或买进后都属委托方所有,并由委托方承担风险。行纪人只享有暂时的占有权,应在约定的时间内转交给委托方或第三人。所以,行纪人的一切中介行为都必须以委托方的利益去权衡利弊。

(2)行纪人必须以自己的名义为法律行为。这也是行纪合同与委托、居间等合同的主要区别所在。行纪人用委托方的费用、物品为委托方的利益与第三方订立合同，由此产生的义务由行纪人取得和承担。第三人与委托方之间并不直接发生权利义务关系。

(3)委托方向行纪人支付佣金。行纪是一种以佣金为目的的经营性经纪行业，并且是必须经过工商行政管理部门注册登记的经营企业，其他非经营中介服务业不得实施行纪行为。

2. 行纪合同中当事人的权利和义务

行纪合同中，行纪人的权利，包括佣金请求权、费用偿还请求权、介入权、拍卖提存权。行纪人在享受权利的同时，必须承担的义务有：遵守委托方指令的义务，遵守指定价格的义务，保管义务，报告义务。

委托方在支付佣金、偿还费用和接受行纪人的给付，并承担行纪人转移而来的履行义务的同时，也有权要求行纪人按其指令为法律行为；当行纪人违反合同约定时，委托方有权拒绝接受行纪人的行为产生的任何法律后果，拒绝支付佣金和偿还费用，并请求赔偿损失。

3. 行纪合同的格式

行纪合同的主要条款，包括代办事项、佣金、违约责任等。

行纪合同

委托人：合同编号：

行纪人：签订地点：

根据《中华人民共和国合同法》和有关法规的规定，行纪人接受委托人的委托，就代办________事项，双方协商一致，签订本合同。

第一条　代办事项（具体约定是寄售、代购代销货物，还是其他法律事务）。

第二条　代办事项的具体要求（凡属寄售和代购代销货物，应明确具体货物品名、规格、型号、质量、数量以及最低销价或最高购价和时间要求）。

第三条　货物保管责任及费用承担。

第四条　酬金的计算结付方式、给付时间。

第五条　违约责任。

第六条　合同争议的解决方式：本合同在履行过程中发生的争议，由双方当事人协商解决；也可由当地工商行政管理部门调解；协商或调解不成的，按下列________种方式解决：

（一）提交________仲裁委员会仲裁；

（二）依法向人民法院起诉。

第七条　其他约定事项。

第八条　本合同未作确定的，按《中华人民共和国合同法》的规定执行。

委托人： 行纪人：

单位(人)名称章 单位(人)名称章

地址： 地址：

法定代表人或委托代理人： 法定代表人或委托代理人：

电话 电话：

传真： 传真：

邮政编码： 邮政编码：

开户银行： 开户银行：

账号： 账号：

合同有效期自 年 月 日至 年 月 日

五、经纪合同的履行、变更和解除

1. 经纪合同的履行

经纪合同的履行是指合同双方当事人根据经纪合同的约定，各自遵循诚实信用原则，根据合同的性质、目的和交易习惯各自完成自己所承担的义务。依法成立的经纪合同，自成立时生效。合同的履行，实行实际履行和适当履行。实际履行就是要当事人必须按照合同的规定标的履行，不得以其他来代替，也不能折为现金代偿；适当履行就是要求当事人按照合同规定的标的、期限、价格等条款，用适当的方式全面履行合同。经纪合同适用适当履行。

经纪合同生效后，合同中中介服务商品的质量、价款或者佣金、履行地点等内容没有约定或者约定不明确的，可以进行补充协议；不能达成补充协议的，按照合同有关条款或者交易习惯确定履行。

2. 无效经纪合同

无效经纪合同是指不能产生效力的经纪合同，自始无效。无效经纪合同的确认权，归仲裁机构和人民法院。

当事人之间签订的下列经纪合同无效：违反法律法规的经纪合同；采取欺诈、胁迫等手段所签订的经纪合同；代理人超越了代理权限签订的合同，或以被代理人的名义同自己或者同自己所代理的其他人签订的合同；违反国家或社会公共利益的合同。

经纪合同被确认无效后，经纪人从委托人处已取得的佣金应该返还，所造成的损失由责任方承担。如果当事人故意违反国家或社会公共利益，应该追缴已经取得或约定取得的财产，归国家所有。

确定经纪合同部分无效，如果不影响其余部分的效力，其余部分仍然有效，应该继续履行。

3. 经纪合同的变更和解除

如果当事人由于情况变动，需要对原经纪合同所规定的条款作部分修改，或解除原经纪合同，可以约定变更或解除经纪合同。

根据《中华人民共和国合同法》的规定,凡发生下列情况之一者,允许变更或解除合同:

(1)当事人双方经协商同意,并且不会损害国家和社会公共利益。

(2)由于不可抗力,致使合同全部义务不能履行。

(3)由于合同另一方在合同约定的期限内没有履行合同,如经纪人在规定的期限内没有找到第三方,委托人有权通知经纪人解除合同。

当事人变更合同时内容约定不明确的,可推定为未变更。当事人一方发生合并、分立时,合同变更后的当事人承担或分别承担合同的义务和享受应有的权利。当事人一方合同承办人或法定代表人的变动,根据有关法律规定,合同不得变更。

变更或解除经纪合同,可由一方当事人以书面形式提出,经双方协商一致,达成变更或解除书面协议,原经纪合同才能变更或解除,协议未达成前,原合同继续有效。但由于不可抗力致使经纪合同的全部义务不能履行,或者由于另一方在合同约定的期限内没有履行合同,只要有当事人一方变更或解除合同的通知,即使未达成变更或解除协议,也可变更或解除原合同。

当事人一方收到对方要求变更或解除合同的通知后,在对方通知中规定的期限内未做出答复的,即可视同默认对方的要求,变更或解除合同协议。合同变更或解除后，由此给对方造成的损失，除依法可以免除责任的以外，应由责任方负责赔偿。

4. 违约责任

不履行合同义务或者履行合同义务不符合约定的，应承担的违约责任有继续履行、采取补救措施或者赔偿损失等。

承担违约责任必须要有不履行合同的行为和过错。行为是指当事人不履行或不适当履行合同所规定的义务。过错是指当事人不履行合同义务是主观原因，即当事人明知自己的行为会影响合同的履行而有意去做，或者说当事人能够预见到自己行为所造成的不良后果，但由于过于自信而失去理智，或者已经预见到了而又没有采取积极预防措施，致使合同不能履行或者不适当履行，有这样的故意和过失，应该承担违约责任。

有下列情况之一的，经纪合同当事人可以免于承担违约责任：

（1）由于不可抗力（地震、火灾、自然灾害、战争等），造成合同不能履行。

（2）合同约定有免责条件。

（3）由于当事人一方在合同约定的期限内没有履行合同在先，造成当事人的另一方无法履行合同或者没有必要履行合同，另一方当事人可以免除责任，并有权追究先违约一方的责任。

承担违约责任的方式有很多,就经纪合同而言,主要包括支付违约金,违约金的比例由双方当事人在经纪合同中约定;支付赔偿金,由于一方当事人违约,向对方支付的违约金不足以弥补给对方所造成的实际损失,对不足部分仍需如数给付补足。双方当事人可以在经纪合同中约定赔偿金额或赔偿金计算方法。

第三节 经纪人的权责利

全面完整地规定经纪人的权利、义务和职责,对规范经纪运作、保障经纪人权益、促进经纪业发展大有裨益。我国目前尚无这方面的完整法律规定,但随着一些法规和条例的陆续出台,我国经纪人权利义务制度已初步形成。

一、经纪人的权利

权利就是公民或组织依法享有的权力和利益。经纪人的权利就是经纪人在开展经纪业务活动时,依法享有的基本权力和应得到的利益。

1. 经纪人有开展合法经纪行为的权利

新中国成立初期,一直将经纪行业视为扰乱市场的投机行为。因此,政府通过颁布条例和行政命令,采取一系列措施将之取缔。自改革开放以来,随着商品经济的迅速发展，经纪活动又空前活跃起来，经纪人和经纪行业的组织，也从无到有，从小到大在各地发展起来。但由于经纪人队伍自身构成较为复杂；人员素质参差不齐，个别人员的违法行为时有发生，且造成恶劣的社会影响；此外，加之社会上对经纪人的某些传统性偏见，使一些合法经纪人的正常业务活动和合法利益也难以得到全面的保障。

据报载：某经纪人几经周折，为一厂家解决了某种短缺生产资料的长期供货问题，同时也为供贷方的产品找到了长期稳定的销路。按约定该经纪人可以从销售额中提取一定比例的佣金，但双方都认为经纪人提取的比例过大而拒绝支付。作为经纪人又迫于来自上下多方的压力，只得接受了数额很小的一次性劳务费。

上面的例子在当前的经济生活中并非少有，所以，在我国保障经纪人合法中介的权利非常重要。目前，我国市场经济的发展体制已正式确立，经纪行业和经纪人的合法行为基本上能够受到法律的保护，并能得到社会的普遍认可。

具体来说，经纪人有开展合法经纪行为的权利表现在以下三个方面：

(1)经纪人有在法律、法规允许的范围内开展经纪活动的权利。依法设立的各类经纪业，有权在法律、法规及注册登记时核准的经营范围内开展经纪活动，任何单位及个人不得非法干涉。

(2)经纪人有权通过合法途径了解、核实委托方提供的资信资料的权利。在经纪活动中,经纪人首先要了解、核实委托方所提供的资信资料,如果发现委托人所委托事项有故意隐瞒事实真相,或有欺诈行为时,经纪人有权终止为委托人提供经纪服务的权利,并有权就委托人故意隐瞒事实真相,或欺诈行为所造成的损失请求赔偿的权利。如果委托人不具有履约能力,有权立即终止经纪活动。

(3)经纪人有权要求委托方或者合同他方提供资信状况、履约能力、商品质量等真实可靠的资料的权利。

2. 经纪人有获得佣金的权利

经纪人通过自己的经纪活动,完成中介任务,使委托方找到交易的对方或在经纪人的中间斡旋下达成订约的效果。订约成功,委托人就会取得相应的经济效益。因此,经纪人便有权获得与所经纪的业务内容保持一定比例关系的报酬,即佣金。这种报酬是合法经营的结果,是属于合理的劳动所得。因为经纪业务活动提供的是劳务,是一种经营活动,报酬的收费标准,如国家有规定的,按国家标准支付;如国家无具体规定或规定不明确的,应按商业习惯依双方订立的经纪合同支付报酬。这种报酬视具体情况由委托方单独负担或由当事人双方共同负担。

在经济活动中，经纪人的报酬问题是引起纠纷的主要原因之一，常见的纠纷有：

(1)有的委托人在经纪业务完成后，无视经纪人的劳动，对经纪人在交易过程中所起的重要作用视而不见，拒绝支付经纪人的报酬，从而引起纠纷。

(2)有的委托人在交易前出于需求的迫切，对经纪人应允较高的佣金标准，而交易合同签订或交易过程完结后，不按事先约定好的佣金数额支付报酬，从而引起纠纷。

3. 有请求支付成本费用的权利

经纪人在与委托人达成委托协议时，有权要求委托人预付一定的费用，以作中介活动之用。或在交易完成之后，有权要求委托方(或当事人)支付中介活动中所开支的不应由经纪人支付的费用，但应事先通知委托人(或当事人)。委托人与经纪人也可商定将报酬和成本费用合在一起，以包干的形式在经纪合同中加以确定。

4. 其他权利

根据约定提供经纪服务，委托方或合同他方违约，经纪人有权不退还佣金，也不承担委托方与合同他方所订合同的履约责任(隐名经纪业务除外)。

经纪人如作为代理人，其权利范围还包括必要债务的清偿请求权，以及因自身因素造成损害的请求权和在某些情况下对占有的委托人财产行使留置权等内容。

二、经纪人的义务

国家工商行政管理总局颁布的《经纪人管理办法》对经纪人"提供客观、公正、准确、高效的服务；将约定机会和交易情况如实、及时报告当事人各方；妥善保管当事人交付的样品、保证金、预付款；按照约定为当事人保守商业秘密：记录经纪业务成交情况，并保存3年以上；收取当事人佣金应当开具发票，并依法缴纳税金和行政管理费"等义务，作了较为明确的规定。

经纪人义务不仅是指法学中规定的对法律关系主体必须履行或不履行的行为责任，而且还包括社会道德方面的行为责任。因此，经纪人义务可概括为在经纪业务活动中，经纪人按照法律规定和相关的社会道德规范应当履行和不应履行的行为责任。经纪人对应当履行的法律义务必须承担法律责任，而对道德义务则只承担社会道义方面的责任，即受到社会舆论的称赞或谴责。

经纪人在经纪业务活动中应当履行的义务包括以下几方面：

1. 遵纪守法，遵守社会公德

经纪人在为客户提供中介服务时，必须遵守国家有关的法律、法规和政策，遵守社会公德，不得损害社会公共利益，不得扰乱市场经济秩序。

2. 如实提供信息

经纪人在进行经纪活动时，必须忠实地履行经纪合同中规定的各项义务，必须忠实于委托人的利益，实事求是地向客户介绍相关情况，包括介绍委托各方的资信、财力状况和所交易的商品情况等。经纪人如果已知某方（如甲方或乙方）委托人的资产不足、濒临倒闭，而难以完成其应向对方履行的事宜，若该方还要经纪人为其提供方便时，经纪人应给以拒绝。

由于经纪人的经纪活动就是为委托人提供供求、买卖信息，进而为委托人提供订约机会。因此，经纪人提供的信息必须是真实的，只有这样，订约双方在订约过程中才能体现自己的真实意愿，合同才能真实有效。凡属中介活动中应当介绍或当事人要了解的各个事项，均须实事求是地提供，既不隐瞒也不夸大，以利当事人的选择和决定，不得弄虚作假，欺诈蒙骗。对于明显无支付能力者，无履行合同能力或已处于破产状态的当事人，以及无法确定其是否具有合法地位者，不得为其经纪。如果由于经纪人未尽到职责，而使当事人蒙受损失的，要承担赔偿责任，情节严重者还要承担法律责任。在中介活动中，如果由于经纪人提供虚假信息，不仅会给订约双方或一方带来不应有的经济损失，严重的还会扰乱正常的商品流通秩序，因此对经纪人的这种行为必须严肃处理。

3. 公平中介

报告订约机会或为订约进行业务介绍时，经纪人必须保持自己的中立地位，公平对待当事人各方，不能偏向于任何一方，对于任何一方提出的问题和要求都要如实介绍、如实转达，绝不能为了一方利益而损害另一方利益；经纪人应严格按委托人的要求，迅速地向委托人提供合适的订约机会，积极斡旋，协助双方签订合同，为签约成交创造良好条件。如果在中介活动中，经纪人有意为一方谋取更多的利益，而故意隐瞒或夸大某些不利或有利一方的事实，促成不平等合同的签订，当事人另一方一经发现，有权拒绝支付经纪人的报酬和要求赔偿损失。

4. 严守中介地位

经纪人处于中介地位，这就决定了经纪人在从事经纪活动时，不能亲自从事任何商品实务的买卖，如低价买进、高价卖出。经纪人只能为当事人各方牵线搭桥，而不应为当事者接受或付给钱物。

5. 保管样品

经纪人在进行经纪活动时，如果经其介绍达成的交易需领取并保管样品时，就应将样品一直保管到交易终了。经纪人根据当事人的请求所领看的样品，必须妥善保管，不能丢失、损坏、调换。

6. 制作文书

经纪人在中介活动中,应及时制作文书。经纪人对当事人之间商定的事项,除立即履行并当时结清外,还应及时制作文书,记载交易双方的姓名、商号、交易内容、日期及其他有关事项,在签名后交付给当事人各方存证。这种文书主要是为当事人双方提供正式订立合同的依据,如果一方不接受文书或不在上面签字,经纪人有及时通知另一方的义务。

7. 保守机密

经纪人应为当事人保密。如果当事人一方要求不能将其商业字号或姓名等告诉另一方时,经纪人有义务为其保密。经纪人必须对其中间介绍的交易活动承担应履行的责任和义务。

8. 接受监督

在从事经纪活动过程中,经纪人要自觉接受工商行政管理部门、审计部门、商检部门、财税部门等政府职能部门的行政监督;在中介活动中,只要没有特别约定或惯例,除了按规定收取佣金外,不得接受当事人支付的其他费用,不能以自己的名义买卖当事人的财产或劳务。对于国家法律、政策明确禁止流通的产品或服务,实行国家专卖(如烟草)、专营(如医药)的商品和有违社会公德和少数民族宗教习惯的商品,经纪人不得参与其中介活动。经纪人必须自觉接受职能部门的监督,并承担依法缴纳有关税费的义务。

9. 承担责任

对于不履行上述义务，造成损失后果的，经纪人必须退还经纪报酬(佣金)，自行负担经纪开支和风险及支付赔偿的法律责任。对于在经纪活动中有严重欺骗行为、行贿受贿、逃税漏税，进行非法居间活动者，还应当承担相应的刑事责任。

三、经纪人的佣金

佣金是经纪人权利的最基本内容，是经纪人的收入来源，是经纪业务得以运作的保障。现实社会经济生活中对佣金争议颇多，因此，对佣金的认识是对经纪人权利问题全面认识的重要内容之一。

由于经纪活动不是买卖商品，而是为他人交易提供中介服务，所以经纪人在经纪活动中以收取佣金为目的。佣金就是指经纪人在为委托人提供交易机会，充当交易中介并协助买卖双方完成交易过程或订立交易合同，由交易人一方或双方支付给经纪人的劳动报酬，在法律上称为“佣金”。

佣金作为经纪人的劳动报酬是合法的，法律规定经纪人享有获取佣金的权利。那么，应如何理解佣金的性质呢?

首先，经纪人佣金的本身并不具有社会属性。它只是商品生产和商品流通高度发展的产物，同社会经济制度本身没有必然的联系。无论是在资本主义制度下，还是在社会主义制度下，只要商品生产和商品流通发展到一定水平，就必然出现经纪业务活动及其从业人员——经纪人。它的社会性质只是属于某种社会形态下的社会阶级关系及其所服务的社会对象，但经纪人在其业务活动中，以自身劳动取得的报酬是合法的。

再者，经纪人开展经纪业务活动，需要有一定数量的资本，去承担一定的中介风险，通过付出自己的劳动，占用大量的信息，并向需求者提供这些信息。所以经纪人取得的佣金，实质上是承担风险、出卖信息的收入。中介经营的收入，不仅是劳动收入的一种，而且也是个人收入分配多种形式中的一种。

综上所述，经纪人的佣金是劳动报酬、风险报酬和经营收入的综合收入；是委托人依照法律规定或者双方约定，在完成了经纪业务后支付给经纪人的劳动报酬，实现相应权益的一种主要表现形式；是经纪人参与具体的经纪事务，在一定的社会劳动时间内所创造的劳动价值和社会价值的体现。佣金由成本和利润两个部分构成。佣金的成本包括“牵线搭桥”的直接费用（差旅费、车船费、资料费、电讯费、打印费等）和长期知识积聚的费用表现。根据国家法律和有关规定，佣金的成本和利润可以分开计算，也可以合并计算。

1. 佣金的相关概念

在我国对佣金一直存在较多的争议,其原因有二:

第一,新中国成立初期,经纪业务被看成是为资本主义经济服务的经济现象被取缔。从业者经纪人及经纪人报酬——佣金也随之消失,但其不雅之名却传之甚远。所以,即使改革开放后,虽然经纪业务已在市场交易行为中普遍展开,但对经纪人的收入——佣金仍存有争议,其传统影响是重要原因之一。

第二,佣金涵义界定含混,是当前社会上对佣金颇有疑义的直接原因。在实际经济交往中,佣金往往与酬金、折扣、回扣等其他名目繁多的介绍费、好处费、交际费等混同,在某些舆论宣传和经济活动中,也往往把经纪人收取的佣金与其他名目相提并论,使人们对佣金的认识扭曲,视为“不正之风”而必须严加禁止。实际上,佣金与回扣、折扣和酬金等具有完全不同的法律性质。

(1)回扣:回扣是指在商品交易中,卖方在收取的货款内,扣除一部分回送给买方或其代理人的钱财,它的实质是对销售利润的再分配。从卖方角度看,它是一种行之有效的促销手段,但实际上是一种商业贿赂行为。在《中华人民共和国反不正当竞争法》中对回扣问题有明确规定:“经营者不得采用财物或其他手段进行贿赂以销售或购买商品。在账外暗中给予对方单位或者个人回扣,以行贿论处。”这是我国法律中对回扣的明确说明。

佣金是由经营收入、劳动收入和风险收入构成的综合体;而回扣则不然,它既不是风险收入,也不是劳动收入和经营收入,而是一种价值转移,是由卖方无条件地转让给买方或者有关当事人的商品价值的一部分,是权力的回报。

(2)折扣:折扣是指商品在购销业务中卖方给买方或其代理人的优惠。折扣有多种形式,如现金折扣、数量折扣、功能折扣、季节折扣等。关于折扣,在我国的《反不正当竞争法》中的规定为:“经营者销售或购买商品,可以以明示方式给对方折扣,给中间人佣金。经营者可以给对方折扣,也可以给中间人佣金,但必须如实入账。接受折扣的经营者以及接受佣金的中间人也必须如实入账。”因此可以看出,折扣在我国的法律内,是类似于佣金的合法行为,它不同于属于商业贿赂的回扣行为。

(3)酬金:酬金是一种回谢,具有贿赂和收买的性质。它最初出现在经济大萧条时期的美国,原是指美国工人将工资中的一部分返还给雇主作为保持其工作岗位的一个条件。在我国经济生活中,部分公职人员通过各种渠道从下级部门拿取“红包”、“馈赠”等形式的酬金。在各国的法律中,对收受酬金都视为商业贿赂行为,我国也不例外。

(4)信息费:信息费是因为当事人提供有价值的信息,索取信息的人支付的价款,是信息商品的销售收入。信息之所以有价值,是因为收集到的信息必须经过加工、整理,要耗费人力、物力及其他消耗,这些耗费必须从信息费中得到补偿。

佣金与信息费是不同的。二者不同之处首先表现在,佣金是经纪人从事经纪活动的主观目的;而信息费则是信息提供者从事信息工作,以出售信息、获得价款为目的的,是信息商品的销售收入。其次表现在,佣金是与经纪活动相联系的,经纪人服务指向是促成市场交易;而信息费与信息提供者和信息生产活动相联系。信息提供者的服务对象广泛,其提供的信息客户可以用作商业目的,也可以是非商业目的;可以是为市场交易服务,也可以是为其他目的服务。信息生产活动的结果是提供客户需要的信息产品。

2. 佣金的种类

佣金可分为法定佣金和自由佣金两种。

法定佣金是指经纪人从事特定经纪业务时按照国家对特定经纪业务规定的佣金标准获得的佣金。这种佣金具有强制效力,当事人各方都必须接受,不得高于或低于国家规定的佣金费率标准。在发展比较成熟、专业化程度比较高的证券、期货和保险市场上,有关法规、规章及规范性文件对经纪人佣金的收付标准都有明确规定。这些规定所包含的一般原则是按经纪人经纪中介成交金额的一定比例提取的,成交金额越大佣金比例越低。法定佣金在经纪活动中只适用于分工明确、专业性强、经纪活动耗费固定的经纪业务种类,如证券经纪、期货经纪、保险经纪,采用的就是法定佣金。

自由佣金是在国家法律、规章及规范性文件没有明确规定佣金费率标准的市场上,按经纪人与委托人协商确定的佣金标准获得的佣金,并写入委托合同之中。这种由当事人之间协商确定的费率,标准一经确定对双方具有约束力,违约者要承担违约责任。自由佣金是佣金的主要形式。

自由佣金和商品的市场价格一样,由供求双方协商确定,自由佣金按经纪中介成交额的一定比例提取,标准相差很大,经纪中介成交额越大,提取比例越低。比例可以分阶段确定,逐阶段递减。如果成交额非常大,也可以采取封顶的办法,明确规定最多只能收取多少佣金。如果成交额较小,也可以采取保底的办法,明确规定最低应该支付多少佣金。所以说,佣金的数额主要取决于所交易商品的价格。

此外,还可以采取包价的形式确定佣金,经纪人代理委托人进行交易时必须满足委托人规定的最低价,超出最低价的部分,经过测算,得到委托人认可,才可以作为佣金。这里说的包价不是指差价,一般是不允许用差价作为佣金的。

3. 佣金的收取

经纪人接受委托人的委托后，应签订经纪合同。在合同中佣金的数量、支付方式和支付期限应具体明确。

佣金的支付人是经纪业务的委托方，或当事人双方。只有经纪合同中规定的经纪业务的委托方，或约定的当事人双方，才有支付佣金的义务。支付佣金的方法可以用现金，也可以用转账结算或其他方式。经纪人收取佣金后应当开具发票，并依法缴纳税金和管理费。

佣金的支付时间，除法令另有规定外，一般由经纪人与委托人自行约定。通常情况下，佣金在经纪中介成功，买卖双方签订合同后支付。如果由经纪人撮合而签订合同后，合同没有履行，只要合同不是由于经纪人原因造成合同不能履行，不影响经纪人获得佣金。

预收佣金可保证经纪人的权益。当佣金的数额较大，委托人认为经纪业务的难度大时，经纪人可要求提前支付部分佣金，以激励经纪人。委托人可以提前支付部分佣金，待买卖双方签订合同成交后，再支付剩余部分。如果没有完成全部经纪业务时，应该将部分佣金退还给委托人。这种方法对经纪人有利，但委托人往往不容易接受，有时甚至因为预收佣金使经纪失去委托的良机或使经纪业务陷入僵局。除非经纪人的资信足以使委托人放心，否则这种方法不可用，何况委托人一般不会轻易支付定金和预付佣金。

签订专有经纪合同，有利于保障经纪人获取佣金的权利。这种合同中明确规定，经纪人享有某项经纪业务独占的或排他的经纪权利，只要委托人在某区域、某时期发生该项委托业务，就可以要求按合同支付佣金。这样，即便是委托人单独找到了交易的对方，经纪人也仍然有权要求委托方支付佣金。

经纪合同也应将经纪活动成本费用的支付方式明确确定。必要时，经纪人还可预收成本费用或保证金。经纪人在收到预付费用后，开始为委托人的业务工作。费用在经纪人开展经纪业务活动过程中逐渐支付，以保证经纪活动的正常进行。不论经纪中介是否成功，费用不需要再归还委托人；作为回报条件，合同中规定较低的佣金标准。

此外，工商行政管理机关已明确规定，经纪合同实行监证制度。经纪人与委托人签订合同后，可到工商行政管理机关进行监证或到公证处公证，以确保经纪人获取佣金的权利和其他权利的实现。

第四章 农产品的自然属性与市场特点

第一节 农产品的产销特性及营销要点

一、农产品产销的基本特点

农产品的产销特点与农业生产的特点、农产品自身的自然属性密切相关。从生产方面看,农业生产受自然条件的影响大,不同的气候、土壤、光照、水资源等对农产品都有直接的影响。从农产品自身的自然属性看,绝大多数农产品属于动植物有机体,容易腐烂变质,使用价值具有很强的时效性。

1. 明显的季节性

由于受地理位置和气候节令的影响,农产品的生产具有明显的季节性,生长期有长短,不同产品有着不同的生长发育周期。这种周期性受自然规律的支配，是客观存在的。所以，农产品经营必须适应和服从农业生产的周期性规律。

2. 明显的区域性

农产品生产需要适宜的土壤、水分、日照、气温等自然地理条件，因此，不同的地理区域形成了不同农产品生产的优势区域，使农产品营销也具有区域性。

(1) 农产品生产的区域性，决定了农产品营销首先要从优势区域开始。

(2) 生产区域集中性与消费区域普遍性之间的矛盾，决定了不同区域之间农产品营销的必然性。

(3) 农产品生产的区域性影响人们消费习惯的形成，决定了农产品消费习惯带有一定的区域性。

(4) 生产的区域性使农产品品种、规格、质量和产量具有差异性，决定农产品具有等级性、按质论价的必要性以及区域间供给的不平衡性。

3. 地域分布的广阔性和分散性

农产品生产在广阔地域的农村分散进行，这与农产品在城镇消费集中的特点相矛盾，由此决定了农产品商品流向具有向心性，从分散到集中，从农村到城市。这就要求农产品营销必须具有合理的流通渠道。

4. 在生产品种上的稳定性

农产品品种的开发和更新换代，不仅要受农产品生产周期的制约，还要取决于生物工程学的科学研究水平，这就使农产品在生产品种和经营品种上具有相对的稳定性。

5. 储备与保管问题突出

由于农产品具有生产季节性强、周期长、产量不稳定，以及易腐烂、易变质等自然属性，因此，要求农产品营销要确立储备观念，以便更有效地保管商品和调节淡旺季供应。

二、农产品营销的基本要求

根据农产品的自然属性、产销和经营特点，农产品营销应遵循“活”、“快”、“稳”三项基本原则。

1. 农产品营销要“活”

农产品营销要“活”，就是要求农产品营销必须根据外部环境因素的变化而灵活经营。只有“活”，才能适应农产品的易腐易变特性，才能适应农产品的产销变化特点。农产品营销要“活”，主要包括营销策略、营销方式、营销手段和营销价格等。

(1)营销策略要“活”：农产品营销策略是指为了增强竞争力、开拓和占有农产品市场而采取的具体战略措施。因此，经营者制定的农产品营销策略是否科学合理，主要看能否增强市场竞争能力。

第一，优质策略。这是针对农产品市场质量竞争的策略。农产品本身品种多、规格复杂，营销过程中还要经过生产、收购、加工、储运等诸多环节，所以，农产品的品质差异是很大的。要占领市场，在竞争中取胜，非常重要的一点就是产品过硬——质量好。因此，农产品营销必须讲究优质策略。

第二，应时策略。这是针对农产品市场时间竞争的策略。农产品所具有的产销时效性直接影响着出售农产品的质量和价格。因此，农产品营销必须讲究应时策略，要特别重视农产品经营过程中的及时收购和应时上市。只有这样，才能抢到好行情，保证产品质量，提高经营的时间竞争力。

第三，薄利策略。这是针对农产品市场价格竞争的策略。大部分农产品是人们的生活必需品和轻纺工业不可缺少的原料，消费量大，应适当采取薄利多销措施，薄利多销。

第四，方便策略。这是针对农产品营销服务竞争的策略。农产品是社会生产的初级产品，大多需要经过一次或多次加工才能消费。农产品经营应当讲求方便策略，即按照服务消费者、方便消费的原则，向社会提供更多的便于消费的农产品加工制成品。

(2)营销方式要“活”：农产品的营销方式要灵活多样，方便购销。要有利于实现产销直接见面，密切产销关系；有利于减少流通环节，降低流通费用；有利于缩短流通渠道,加速农产品流通。

(3)营销手段要“活”:要从不同的角度提高农产品营销手段的科学性及现代化水平。首先,要提高企业的营销艺术。营销艺术是商品的经营之道,是农产品经营的生意经、方法论的一种具体形式,是企业智力的基本内容和谋略“软件”。其次,要提高农产品营销人员的技能。营销技能是营销人员的业务能力表现,是企业中人的素质的具体表现。另外,要充分利用各种物质设施,包括农产品购、销、储、运、加工的各种工具设备等。

(4)农产品销售价格要“活”:农产品的价格要适应市场供求变化,具有灵活性。农产品产销状况随时都可能发生变化,价格作为调节市场供求最重要和最灵敏的杠杆,对调节产销状况具有重要作用。农产品销售价格能够灵敏反映市场供求的变化。

2. 农产品营销要“快”

农产品营销要“快”,主要是针对农产品的流通时间而言的。一种商品越是容易变质,生产出来越要赶快出售,赶快消费。商品离开产地的距离越短,空间流通领域就越狭窄,销售就越带有地方性质;反之,商品离开产地的距离越远,销售市场就越广阔。

要做到“快”,客观上要求在经营上做到多渠道、少环节。因此,农产品一般应多采取有利于加速流通的产销直接见面的营销方式和措施,要尽可能地就地组织生产,就地收购,就地或就近供应,尽可能地减少营销环节和手续,尽可能地增设网点多开销售渠道。

3. 农产品营销要"稳"

这里的"稳",主要是针对农产品市场供求状况而言的,力求通过农产品营销来保持农产品市场"产、供、销"关系的平衡,实现农产品市场的繁荣和稳定。由于农业生产具有分散性和周期长的特点,农产品市场对农业生产的影响和指导作用很大,上一年农产品市场供求状况如何会明显地影响下一年农民制定生产计划。农产品经营在做到"活"和"快"的同时,还必须保持稳定,避免大起大落。

事实上,由于农业生产和农产品的特殊性,作为衔接农产品生产和消费的农产品营销过程要做到"稳"是很不容易的。这一方面要求农产品经营者要有预见性,要学会研究和分析市场变化并从中掌握规律,在充分了解市场信息的基础上做出正确的决策;另一方面,也要求政府部门为农民提供相关的市场信息和政策方面的支持,发挥政府对市场的宏观调控作用。

综上所述,对于搞好农产品营销来讲,"活"、"快"、"稳"三项要求是密切相关、相辅相成的统一体。只有"活",才能"快";只有"活"和"快",才能"稳"。所以三者的关系是:"活"和"快"是实现农产品营销"稳"的前提和条件,而"稳"则是农产品营销"活"和"快"的目的。

第二节 粮油营销

粮油农产品大都与人们的日常生活密切相关，是关系到国计民生的必需品，在农产品营销中占有重要地位。

一、粮油农产品的自然属性

1. 无固定形状，易流失、散落

粮油农产品属于无固定包装的流体农产品，在正常情况下无固定形状。当包装物破损时，流体农产品易流失或散落。因此，流体农产品在流通中，不仅要求有必要的包装，而且要求具有一定的物质和技术条件。

2. 纯净度高

凡流体农产品均具有较高的纯净度，纯净度是流体农产品品质的主要指标。粮食和油料是以纯粮率和纯质率来衡量其纯净度的；食用油品、桐油等农产品是以水、杂限量来衡量其纯净度的。例如，按照国家标准，玉米一级（GB1353 - 1999）容重≥710 克/升，杂质≤1.0%，不完整粒≤5.0%等。

3. 容易混杂、污染

粮食和油料等流体农产品，如果在生产过程中不合理施用化肥和农药，会造成不同程度的残毒污染，危害产品品质;如果加工过程的操作或管理不当,则容易使不同等级、不同规格的产品混杂在一起,而且较难分离;如果保管不善,又容易产生霉菌繁殖,造成污染。由于流体农产品纯净度要求高且易受污染,所以,流体农产品的质量标准要求严,质量检验技术强。

二、粮油农产品的营销要求

根据粮油等农产品的自然属性,在营销过程中要求做到"五讲"和"五防"。

1. 讲包装,防撒漏

除部分粮食、油料可以散装外,大都需要包装。包装必须严密,有一定的强度,以防在流通过程中因包装破损而造成商品撒(洒)漏。这是粮油等农产品经营者最基本的常识。要做到这一点,必须采用符合标准的包装物和正确的包装方法,在储运中要防止野蛮装卸和剧烈震荡。对散装运输的粮食和油料,必须灌包压顶和严密遮盖。

2. 讲质量,防掺假

为确保粮油等农产品的纯净度,要在验质上把好关,防止掺杂使假。不符合质量标准的和掺杂使假的粮油农产品,不得进入市场销售。

3. 讲卫生,防污染

粮油等农产品在生产和流通过程中,在生产技术水平低、流通环境条件差的情况下，最易受到污染。因此，防污染必须从生产环节抓起，经营单位应积极提供生产技术服务，做好防污染宣传。在流通中要讲究卫生，做好防虫、防鼠、防霉等保管工作，尤其要注意防止化学药剂对商品的污染。

4. 讲技术，防混杂

粮油类农产品一般包含多个品种，因为不细心或操作不当容易造成物理混杂，导致产品质量等级下降。因此，要求经营者必须掌握科学的经营管理方法，并具备必要的技术设备条件，在收购、加工、储运、运输、销售等环节，都要严格按照有关操作规程和技术进行，确保农产品及其等级、规格不混杂。

5. 讲保管，防质变

粮油农产品一般流通量都比较大，环节也比较多，所以储存和保管非常重要。粮油农产品在储运过程中受外界环境条件的影响易发生质变，如粮食发热霉变，食用油品酸败等，会降低或丧失其使用价值。因此，必须严格按照要求储存，控制导致质变的因素，确保粮油等流体农产品的质量安全。

第三节 肉禽蛋及水产品营销

肉禽蛋及水产品属于鲜活农产品，具有易腐烂、易变质的特点。这类农产品生产出来以后,大多都可供人们食用,生产与消费紧密相连,对流通技术要求较高。

一、肉禽蛋及水产品的营销特点

1. 上市具有较强的季节性

农业生产的季节性决定了农产品上市有明显的淡旺季,特别是鲜活农产品上市的季节性更强。这类农产品在什么季节收获,在什么季节是上市的旺季,都有自身的规律。

2. 营销具有较强的多变性

(1)货源多变:自然气候等因素的变化会使鲜活农产品货源时多时少,供给的不确定性增大。

(2)需求多变:如果气候状况良好,在这类农产品大量上市的日子里,销量会激增;反之,销量就会急剧下降。

(3)质量多变:这类农产品不易保管,不耐久藏,特别是冬、夏两季,稍有不慎,就会发生腐烂变质现象。

(4)价格多变:受多种因素的影响,这类农产品价格变化较快,甚至会一日几变。价格有无变化,如何变化,主要取决于货源供应情况、需求的变化和质量的变化等。

3. 购销具有较强的挑选性

肉禽等鲜活农产品质量差别较大,这就需要生产者进行挑选整理，分等出售、分等论价。消费者对同一等级的产品质量也有认识上的差别，所以，消费者购买时还是喜欢自己挑选。

4. 经营具有较强的技术性

肉禽及水产品等鲜活农产品的鲜活性，决定其经营具有较强的技术性。同一种鲜活农产品，在采购、贮存、运输、销售等环节的保鲜技术措施也各有不同。操作者技术水平的高低，对鲜活农产品的质量和损耗有很大影响。

二、鲜活农产品的营销要求

根据鲜活农产品自然属性和经营中的一般特点，在营销中应该做到“四讲究”。

1. 讲究速度

为了适应鲜活农产品上市的季节性和流通中的多变性，无论批发商还是零售商，在经营中都应该讲究速度，做到快买、快运、快卖，在“快”字上下工夫。最好的办法是组织鲜活农产品直线流通，尽量减少中间流通环节，让产销直接见面。只有这样，才能更好地满足消费者需要，加速商品流转，减少商品损耗，提高社会经济效益。

2. 讲究质量

为了适应鲜活农产品上市的季节性和流通中的易

变性、挑选性，在营销中要细化产品类别，按照不同的规格质量标准分等分级，采取灵活的定价方针，满足不同消费者的偏好和需求。

(1)要有季节差价：各类鲜活农产品上市都有明显的淡旺季之分，应当根据上市时间制定合理的季节差价。还有一些鲜活农产品，通过采取技术措施可以提前上市，或者经过储藏后在淡季出售，由于生产管理成本和保管费用的提高，也要有合理的季节差价。

(2)要有质量差价：因为这类农产品不像工业品那样规整、稳定，有明确同一的质量标准，总要经过不断挑选才能分出等级按质论价，所以要分等论价、允许挑选。这是鲜活农产品经营的生意经。

(3)要适时定价：有些鲜活农产品虽处于生产和销售的旺季，但由于天气等其他因素的影响，消费者需求减少，出现供大于求的现象。这时，有效的解决办法是用降价来扩大销路。同样，如果天气等因素好转，消费者需求增加，产品销量增大，产品出现供不应求的现象，生产者和经营者可适当提高价格，可以把前面的损失弥补回来。

3. 讲究卫生

这类农产品在流通中的突出问题是保质期短，易发生腐烂和变质，消费者一旦食用，会损害身体健康。另外，鲜活农产品在生产和加工过程中要防止外来污染，如农药和兽药的残留、化学添加剂的超标使用等。因此，肉禽等鲜活农产品经营的全过程都应该讲究清洁卫生，不仅要保证商品本身的质量，还要杜绝来自外界环境的污染，严格保证产品的卫生质量安全。

4. 讲究技术

肉禽等鲜活农产品在营销的各个环节都有各自特有的技术要求，经营者要掌握商品学知识，积极采用先进的实用技术，同时要运用先进的设备和手段，在保证商品质量、最大限度满足消费者需求的基础上，提高经济效益。

第四节 水果与蔬菜营销

水果与蔬菜同样属于鲜活类农产品，极易腐烂、变质，储藏保鲜是必备的生产与销售条件。

一、水果与蔬菜的营销特点

1. 生产具有地域性和季节性

蔬菜与水果生产受生态环境和地理条件的影响极大，优质果品都有其适宜的产区，而蔬菜和果品的生长发育必然受自然气候条件制约，造成生产的季节性。这种季节性导致水果与蔬菜常常旺季供过于求，淡季供不应求，产品价格波动大。

2. 市场容量大，产品品种多样

水果与蔬菜是人人需要、常年消费的生活食品。每人年均需要 80 千克的水果，才能维持人体的健康。从营养角度考虑，人们每天需要数量充足、营养成分搭配合理的各种蔬菜。蔬菜种类繁多，除了栽培学所讲的种类外，作为商品的蔬菜，还包括各种蔬菜的加工制成品。各种蔬菜产品由于特性不同，规格质量不同，多达上千个种类、数万个品种和规格。

3. 鲜嫩易腐性

水果与蔬菜属于鲜活易烂食品，极易腐烂、变质，失去商品价值。因此，对储藏和运输的条件也比其他商品要求高，运输和储藏成本加大。

4. 产量的不稳定性

由于目前水果与蔬菜生产受自然条件的影响，产量很大程度上仍受到自然条件支配，生产有较大的易变性与风险性。

二、水果与蔬菜的营销要求

1. 快速流通

水果与蔬菜属于鲜活易烂商品，时令性强，采摘后要及时储运，以保持其品质和新鲜度，减少养分消耗。水果与蔬菜销售一定要赶“时先”，减少流通环节，快进快销。为了最大限度延长水果产品的寿命，需要在低温条件下流通，建立适宜的“冷链流通”系统十分重要，这也是水果产品流通发展的必然趋势。

2. 确保商品鲜嫩

水果与蔬菜商品由于含水量大，存在易腐性的特点，在流通中很容易失水萎蔫甚至腐烂，失去商品价值，在流通中必须能保持商品鲜度。同时，经营者要及时了解市场供求状况，抓住有利时机，利用“短、平、快”的产品流通渠道格外重要。

3. 均衡供给

水果蔬菜作为人们的生活必需品，每日饮食生活不可缺，需求价格弹性低，购买频率高，导致供给频率也高，供给多了不行，少了也不行，一定要注意实现均衡供给。

4. 注意安全、卫生

水果与蔬菜属于食品类，卫生状况直接关系到消费者的健康。流通中必须时刻注意产品卫生，防止有害物质的污染，以确保消费者的使用安全。

第五节 烟草、茶叶及其他农产品营销

烟草、茶叶等属于串味农产品，即容易吸收异味和散失自身气味。这类农产品品种多，规格复杂，经营技术性强，品质要求严格。

一、烟草、茶叶等农产品的一般自然属性

1. 适应性强

烟草、茶叶是生长适应性强，但又对环境反应十分敏感的经济作物产品。不同的气候条件、土壤类型、肥料施用环境，对烟草和茶叶的化学成分、形态特征、产量和质量都有不同的影响。

2. 技术含量高

烟草的栽培过程复杂，对栽培技术要求较高。烟草从苗床期、大田期直到收获后的调制和烘烤，都有一定的技术要求，是一种劳动密集型技术的农产品。

3. 应用价值大

烟草除作为一种燃吸材料外，还可以用烟草或烟草细胞培养生产高价值的药品、化学品、食品。

(1)烟草内含有丰富的植物资源且易于繁殖。在未成熟的烟草中含有大量的蛋白质，超过大豆。从烟叶中提取的蛋白质结晶，加水搅拌后可变成鸡蛋清一样的胶体，可制成各种精美食品。

(2)烟草中氨基酸的比例，也接近人奶中氨基酸的比例。

(3)烟叶中的苹果酸、柠檬酸可作为天然饮料的添加剂。

(4)可用烟草固定氮，提高光合效率，以及作为污

染物指示剂。

4. 具有独特浓郁的气味

这类农产品大都含有不同的芳香物质和挥发性成分,具有独特鲜明的芳香气味。因此,气味的浓淡、纯杂是评定串味农产品品质的重要指标。凡气味鲜明的,品质优良;凡气味淡薄的,品质低次;凡杂气、邪气较重的,品质低劣;凡有霉气、陈腐气味的,是发生了质变;凡带有异味的,是发生了串味。

5. 容易串味

烟草、茶叶等串味农产品均含有易吸附异味的胶体物质,与强烈异味物质接触时易串味,且吸附异味后不易散失。另外,随着储存时间的延长,串味农产品本身的气味易挥发散失,也会与其接触的其他易吸附气味的商品串味。

6. 吸湿性强

烟草、茶叶等串味农产品吸湿性强,在潮湿条件下,吸收水分后含水量增加;在干燥条件下,易散失水分,使含水量降低。这是由于烟草、茶叶等含有糖类、蛋白质、果胶质等亲水性物质,组织又是疏松多孔结构,因此,对空气中的水分具有十分灵敏的吸附性。串味农产品吸湿后易霉变,而过分干燥又易脆化、破碎。

二、烟草、茶叶等农产品营销的一般要求

1. 防串味

烟草、茶叶等农产品不仅本身具有浓郁的气味，而且易吸附其他异味，导致产品质量下降或失去使用价值。所以，在该类农产品营销过程中要千方百计保证不串味。包装物必须洁净，无异味；经营场所必须讲究卫生，不与有异味的物质同车混装混运；储存中应专库存放保管，不与其他商品特别是有毒有害的物品同库混存混放。

2. 防潮湿

烟草、茶叶等农产品极易吸湿变质。受潮后的烟叶、茶叶等的含水量会增大，容易发生霉变。因此，在各经营环节都要做好防潮工作，尤其要保持储存环境干燥通风，严格控制仓库的温湿度，严防吸湿变质而造成损失。

第六节　主要农产品市场特点

一、蔬菜市场特点

蔬菜能够提供人体所必需的膳食纤维、矿物质、维生素 C 和胡萝卜素等营养物质。我国的主要膳食模式

是以植物性食物为主、动物性食物为辅，从而决定了蔬菜消费在我国居民膳食结构的地位和所占的比重。

1. 我国蔬菜消费特点

(1)城镇居民蔬菜人均消费量高于农村。2000年我国居民生活总体上达到小康水平，人们更注重健康和改善膳食结构。从我国的统计数据看，由于收入不平衡等原因，目前城镇居民的蔬菜人均消费量要高于农村。

(2)高收入居民蔬菜消费量大，而且偏好高档蔬菜。一般收入高的居民蔬菜消费量较多，收入低的居民蔬菜消费量较少。

(3)蔬菜消费具有地域差异。我国南北跨度大，自然生态条件大不相同，而各种蔬菜的生长对环境条件的要求也不一样，大体可分为喜温类(如西红柿、黄瓜)、喜冷凉类(如白菜、萝卜)和耐寒类(如大葱、蒜)三类。蔬菜品种的区域不平衡，导致了蔬菜消费具有地域差异。

(4)蔬菜消费品种多。我国蔬菜种类繁多，决定了蔬菜消费结构的复杂性。在鲜菜品种消费结构中，有25种蔬菜是居民餐桌上的普遍菜肴，如白菜、西红柿、黄瓜、青椒、油菜、芹菜、土豆、萝卜、菠菜、茄子、豆角、菜花、胡萝卜、韭菜、南瓜、甘蓝、木耳菜、大葱、洋葱、茴香、尖椒、生姜、莴笋、蒜薹、冬瓜等。

2. 我国蔬菜供需动向

目前国内蔬菜市场总体供求处于饱和状态，有些品种出现供大于求。在这种情况下，人们对蔬菜的消费已从数量型逐步转向质量型，要求蔬菜商品优质、卫生、营养、保健和方便。

（1）向营养保健型转化：从营养学角度看，蔬菜是重要的功能性食品，因为人类需要的六大类营养素中的维生素、矿物质和纤维素主要来源于蔬菜，而且某些营养素还是蔬菜所独有的。因此，不少消费者喜欢选购价值高和具有保健功能的蔬菜。

（2）向“绿色食品型”转化：由于一些蔬菜存在药残，直接威胁着消费者的健康，消费者的自我保护意识不断增强，开始重视和追求“绿色食品”。20 世纪 90 年代，我国农业部成立的“中国绿色食品发展中心”实行了“绿色食品”认证制度，并对“绿色食品”的标准做了严格界定。2000 年农业部又组织实施了“无公害农产品行动计划”，进一步推动了我国绿色农产品的发展。

（3）向净菜方便型转化：所谓净菜，就是把采集到的新鲜蔬菜送到低温加工车间，进行预冷、分选、清洗、干燥、切分、添加、包装、贮藏和质检等。消费者购买后，只要稍加处理便可入锅烹炒。随着城市生活和工作节奏的加快，净菜越来越受到人们的青睐。

（4）向蔬菜工业食品型转化：蔬菜工业食品包括原

料贮存、半成品加工和营养成分分离、提纯、重组等。目前我国蔬菜工业食品除传统的腌渍、制干、制罐等加工产品外,已开发出半成品加工、脱水蔬菜、速冻蔬菜等,一些新开发的产品也陆续问世,主要有汁液蔬菜、粉末蔬菜等。与此同时,蔬菜深加工迅速兴起并显露出三大走向,即蔬菜面点、蔬菜蜜饯和蔬菜饮料。由于工业食品在品种、质量、营养、卫生、方便等方面更适应人们对现代食品的高要求和快节奏生活的需要,开始受到广泛关注。

(5)向"名"、"特"、"稀"、"优"型转化:蔬菜向"名"、"特"、"稀"、"优"型转化,主要表现在人们开始喜欢购买时令菜和反季节菜。如在北方的冬季市场,南方生产的黄瓜、豆角等颇受欢迎,而白菜、萝卜、土豆等大路菜需求减少。

二、肉类产品市场特点

1. 肉类产品市场需求

20世纪90年代以来,中国肉类产品产销一直保持强劲增长势头。2011年,肉类总产量达到79 257万吨,已多年稳居世界第一,人均占有量在发展中国家中处于领先水平,与一些中等发达国家接近。但总体上中国的肉类消费量仍处于较低的水平,由收入增加而引起的肉类消费增加倾向仍在继续。我国居民对肉类产品的需求有以下几个特点：

(1)人均肉类消费量迅速增长。据中国肉类工业协会统计，全国人均消费肉类2002年为51.5千克，2008年增长到54.08千克，其中城市居民肉类消费量增长尤为突出。

(2)肉类支出在居民生活消费支出中占重要地位。由于我国居民收入水平和消费水平仍比较低，肉类消费支出仍是生活消费支出中的大项。据调查，2000年人均肉类支出在320~500元。

(3)城乡之间的肉类消费差异较大。一般城市居民人均肉类消费量是农村的一倍以上，农村肉类消费潜在空间很大。

(4)肉类消费结构在渐变。城镇居民肉类消费结构，2000年猪肉占45%，牛羊肉占9%，禽肉占15%，水产品占32%；2010年猪肉占42%，牛羊肉占8%，禽肉占21%，水产品占29%。这说明随着经济发展和人们生活水平的提高，猪肉的消费比重在逐渐下降，牛羊肉和禽肉的消费上升。

(5)肉类加工制品消费增加。火腿肠、肉类熟食加工品的消费快速增长，适应了现代生活中人们消费多样化的需求。目前我国肉类加工制品约占肉类总产量的10%，与发达国家的20%~40%相比，还有很大的发展空间。

2. 影响肉类产品需求的因素

居民对肉食的消费需求，取决于人口总规模、平均购买力、消费偏好、相对价格水平以及过去的消费增长速度。

（1）我国人口继续增长，导致对肉类总量的需求不断增加。预计到 2030 年，我国人均畜产品消费水平将达到猪肉 35 千克、牛羊肉 5 千克、禽肉 20 千克。如果再考虑新增人口的压力，其消费需求将会更大。

（2）购买力水平是肉类消费水平的决定因素。研究表明，当收入处于相对低水平时，人们以消费粮食为主；当收入增加后，畜产品消费增加，粮食消费减少。我国的食物消费正进入粮食消费减少、畜产品消费上升的阶段，即处于畜产品消费随收入增加而增加的时期。

（3）消费习惯是影响肉类消费的重要因素。中国的饮食习惯不同于西方发达国家，历来以素食为主，很难达到西方发达国家人均 70 ~ 100 千克的消费水平。据有关分析，对肉类的消费需求在人均 60 千克以前会随着收入的增加而增长，接近 60 千克以后会处于相对稳定的状态。

（4）价格水平将影响居民的消费选择。一般肉类产品的价格越高，消费需求越少；反之，消费需求越高。在大中城市，市场上猪肉价格的剧烈波动往往会对居民生活和社会稳定产生影响。

(5)肉类产品卫生质量备受关注。肉类食品的卫生质量安全是消费者最为关注的问题,一旦被发现产品卫生检疫不合格或制品添加剂超标等,消费者就会拒绝购买,生产企业将会遭受惨重的损失。所以,肉类产品的卫生质量对其生产和消费有很大的影响。

三、奶类产品市场特点

1. 我国奶类产品的消费增长

在我国西北部、北部牧区,奶是牧民的主要食物,消费量较大。在部分经济发达地区和大中城市,奶产品的消费量日趋增加。但在农村,奶和奶类产品的消费增长缓慢。

我国奶类消费的总体水平很低,但增长很快,2004年基本达到人均10千克。但是,与发展中国家人均消费奶37千克、人均消费奶93千克和发达国家人均消费奶310千克相比,还有很大差距。近年来,由于奶业的发展和人们消费观念的转变,奶类在动物蛋白食物构成中的比例有所提高。目前我国大中城市是鲜奶和奶制品的主要消费市场,主要体现在:

(1)牛奶消费群体不断扩大。

(2)奶制品的品种多样化。

(3)乳品消费者的职业结构趋向平衡。

(4)城市居民的收入与奶类消费密切相关。有资料表明,奶类消费的增长与居民收入的增长成正比。

2. 奶类产品消费的发展趋势

在今后相当长的时期内,我国奶制品消费总体上仍会保持上升的趋势。

(1)随着收入的增加和人们消费习惯的改变,大中城市的消费将会进一步增加。

(2)我国奶业今后发展的快慢,主要取决于农村和小城镇消费水平的提高。

(3)奶类消费品品种趋向多样化。

(4)随着食品工业的发展,以奶为原料和辅料的加工食品会增多,用奶量会逐年增加。

四、禽蛋市场特点

我国的禽蛋市场主要以鸡蛋为主,占蛋类总量的80%以上,其次是鸭蛋和鹅蛋。我国鲜蛋总产量2003年达到2 560.7万吨,占世界总量的43%,这已是中国连续19年居世界第一;禽蛋年人均占有量达到20千克,接近发达国家水平。我国禽蛋产量较多的省份有河北、山东、河南、江苏、辽宁、四川、湖北和安徽,其中前5个省份的禽蛋产量合计占我国禽蛋总产量的70%以上。

鲜蛋的消费量在城镇和农村之间还存在较大差距,2010年我国城镇居民人均消费量为10千克,而农村居民的消费量只有5.12千克。不同区域和城市之间鲜蛋消费也有明显差异，我国北方地区禽蛋消费量较大，南方相对较低。居民对禽蛋的消费需求与对肉类的消费需求相似，并且禽蛋可以成为肉类产品或水产品的替代品。禽蛋的消费弹性仍然较大，消费者对其价格反应较为敏感。鲜蛋的消费量很大程度上受其价格的影响，鲜蛋价格稳定与否直接影响其销售量。近几年，广大消费者趋向于购买具有商标的“放心蛋”，并青睐于“无铅蛋”、“高锌蛋”、“高碘蛋”等安全卫生的蛋制品，无公害、绿色禽蛋的生产和消费开始流行。

五、水产品市场特点

2012年我国水产品总产量达到5 906万吨。水产养殖业是我国的强项，养殖产品占世界养殖总量的70%，是世界上唯一养殖产量超过捕捞产量的国家。

我国水产品的生产和消费表现为东、中、西地区严重不平衡。水产品生产的95%以上集中在东部和中部地区，西部地区只占全国水产品总量的3%左右。水产品的消费量也呈同样的趋势。另外，我国城乡之间的消费水平和消费结构也有明显差异。城市居民特别是东部地区的城市居民每年水产品的人均消费量超过20千克，而广大农村则低得多，有的地方年人均不足1千克。随着农村经济的发展和农民收入的增长，水产品的消费有着相当大的增长潜力。

六、水果市场特点

1. 水果生产状况

从1993年开始，我国水果总产量就一直位于世界第一，其中苹果和梨的产量居世界首位，柑橘产量仅次于巴西和美国，位居第三。近年来，我国水果生产已进入面积稳定、产量小幅增长、内部结构调整的新阶段。苹果、柑橘、梨是我国传统的三大类水果，在水果生产中占有主导地位。其他品种水果生产快速发展，特别是荔枝和桃发展较快，面积已跃居我国第四、第五大水果。

尽管我国水果总产量居世界首位，但各品种占世界的份额和国际竞争力很不平衡。如苹果、梨等居世界首位，竞争力较强，而国内需求量大的甜橙、香蕉等在世界上排名则靠后，竞争力不强。与国际市场相比，我国的苹果、梨、菠萝、香蕉等价格较低，而部分水果如哈密瓜价格相当，部分水果如甜橙价格则高于国外。此外，我国水果在质量控制、包装及营销等方面与发达国家相比还有较大的差距，果品外观和内在质量比较差，缺乏市场竞争力。

2. 水果消费需求特点

从国内消费看，由于人民生活水平的不断提高和生活方式的变化，水果消费总量不断增长，对水果的多样化、优质化和果汁等加工制品等都提出了更高的要求。一是水果消费在整个食物消费中的比重在不断上升。二是消费结构出现新的变化。人们对优质水果、果汁的消费需求日益增长,尤其是果汁消费迅速增长。目前中国人均占有果汁仅为0.1升,而发达国家则在40升以上,发展中国家人均消费也在10升左右。随着社会生活节奏的加快,水果消费需求更加注重优质、安全、多样和方便,特别是对优质水果的消费和果汁等加工制成品的需求将快速增长。

3. 存在的问题

一是品种结构需调整。优质、高档水果偏少,适宜加工的专用品种偏少,能够成批供货的优质品数量有限。二是生产标准、技术手段有待提高。目前水果生产受天气影响还很大。水果生产过程管理不严格,缺乏流通标准,市场抗风险能力不强。三是市场信息缺乏,产业结构调整存在盲目性。主要表现为对水果销售的效益及途径、方式、流向和流量等缺乏专门统计,导致市场交易活动低效。四是国内水果采后处理、产业化、组织化发展还很不够,难以应对国际水果市场的竞争。

第五章 农产品营销策略

第一节 农产品与农产品生命周期

一、农产品营销中的产品概念

所谓产品，是指向市场提供的，能够满足人们某种欲望和需要的劳动成果，包括与农产品有关的生产、加工、运输、包装和服务等一切有用物。在现代市场经济条件下，人们对产品的理解已不限于看得见、摸得着的实体，而且还扩展到看不见、摸不着的劳动成果。消费者对产品的要求也不仅仅限于产品的物质形态部分，而且还包括产品的非物质形态的利益，如产品的售后服务、信用等。农产品营销中的产品概念，又称为“产品整体概念”，可以分解成以下3个层次：

1. 农产品的核心产品

农产品的核心产品是指顾客在购买农产品时所追求的实际利益或效用。它是产品的实质性内容，是购买者要真正购买的东西，因而是产品整体概念中最基本、最主要的部分。

消费者购买某种农产品并不是为了占有或获得农产品本身，而是为了获得能满足某种需要的利益或效用。例如，消费者购买鸡蛋，并不是为了获得鸡蛋本身，而是为了得到蛋白质。购买蔬菜、水果，是为了获得维生素。一个农产品营销者必须认识到，他们生产产品，是在给顾客提供一种利益，自己是利益的提供者，这是核心产品的真正意义所在。现实生活中，人们宁愿出高价，也愿意购买"绿色食品"，就是想获得更多的利益或效用。

2. 农产品的有形产品

农产品的有形产品是指向市场提供的农产品的形状及其外观，是农产品核心产品得以实现的形式。一般有形产品有5个标志：质量、特征、形态、品牌、包装。有形产品虽然不涉及产品实质，但当这种形态与产品的实质内容协调统一起来时，将给消费者带来欢快、享乐、安全等心理上的满足，能激发顾客的购买欲望，起到促销的作用。所以，人们购买蔬菜，不仅要考虑基本效用，还要考虑品质、形状、颜色等。如五彩辣椒，由于其斑斓的色彩、纯正的口味，极大激发了人们的购买欲望，虽然价格相对较高，但销售很好。再如在苹果、西瓜等产品上用纸塑贴皮，形成"福"、"喜"、"寿"等天然图案，都是在外观上所进行的创造，深受消费者喜爱。有形产品与核心产品一起组成正式产品。市场上的各种水果、蔬菜、食品等都是正式产品。

3. 农产品的附加产品

农产品的附加产品也称延伸产品，是指顾客购买或使用农产品时所获得的全部附加利益。一般表现为各种形式的服务，如提供信贷、免费送货、农产品知识介绍、售后服务、农业新品种栽培技术指导等。附加产品虽然与正式产品没有联系，但可以使顾客放心和满意，从而促进产品销售的实现。

二、农产品的生命周期

1. 认识农产品生命周期

农产品生命周期又称农产品的市场寿命，是指农产品从进入市场开始，直到最后被市场淘汰退出市场为止所经历的全部变化过程。或者说，农产品生命周期是指农产品从投入市场开始到退出市场为止所经历的全部时间。根据农产品销售变化情况，可以把农产品生命周期过程划分为投入期、成长期、成熟期和衰退期。这4个阶段的本质区别在于市场销售增长率变化的不同，因而直接决定着营销者的盈亏状况。

投入期:指农产品投入市场初期的销售缓慢增长期。在此阶段,由于产品投入市场所需费用巨大,产品销售量很小,利润几乎不存在。

成长期:指农产品被市场迅速接受,销售额快速增长,利润大幅度增加的时期。

成熟期:指大多数购买者已接受了该产品,产品的销售率增长缓慢,并最终趋于下降的阶段。这一阶段相对来说持续时间较长,利润率也由缓慢增长到开始下降。

衰退期:指产品销售下降的趋势增强和利润不断下降的时期。

(1)产品生命周期和产品使用寿命是两个完全不同的概念。产品的使用寿命是指产品的自然使用时间,或称产品的耐用程度,是产品的使用过程,由消费过程中的使用时间、使用强度和维修保养等因素决定的。产品生命周期是指产品的市场寿命,是由各种市场因素决定的。产品的使用寿命短,不等于生命周期也短。如鸡蛋、肥皂、水果等,它们的使用寿命在一次或几次的消费过程中就结束了,而作为市场上的一种商品,一直被消费者所接受,市场寿命很长。反之,使用寿命长的产品,也不等于其生命周期也长,如黑白电视机,虽然还可以长期使用,但市场寿命早已结束了。

(2)产品生命周期是针对某类产品中的具体品种而言,而不是指整个这一类产品。如苹果类产品会在市场上长期存在下去。但作为某一种苹果,如国光苹果等在市场竞争中,则不断地被新的苹果品种所代替,而结束生命周期。明确这一点对营销者有极大好处。

(3)产品生命周期中的4个阶段,是一种理论上的划分,在实践中并不是所有的产品都必定经历这4个阶段。事实上,由于受到营销者内部条件和外部环境因素的影响,产品生命周期可能发生各种各样的变异。如刚刚进入市场就被淘汰的夭折型,刚刚进入成熟期就进入衰退期的早衰型,在完整地经历了投入期、成长期、成熟期和衰退期后,由于营销者的努力,又出现了第二个循环的再循环型,以及产品进入成熟期后,在尚未进入衰退期以前,就进入了一个又一个增长高潮的扇形。

2. 产品生命周期各个阶段的特点及其营销策略

(1)投入期的市场特点及营销策略。农产品刚投入市场,消费者对产品不很了解,只有少数追求新奇的顾客购买;产品销售量增长缓慢,一般不超过10%;为了打开销路,需要投入大量的促销费用;由于销量小,费用高,一般处于微利或亏损状态。

投入期的营销目标在于使新产品在市场上站稳脚跟,加速市场渗透,使之尽快进入成长期。

①快速撇脂策略。“撇脂”的原意是把牛奶上面的

那层油脂撇出来,即先取其精华。这是一种高价格高促销策略,即以高价格配合以大规模的促销活动,先声夺人,迅速占领市场。其优点是能迅速引起消费者的兴趣,增加购买的冲动性,从而尽快收回投资。如绿色蔬菜、冬枣等产品大多采取这种策略。

实施快速撇脂策略须具备的条件是:大多数消费者还不了解该产品;已经了解该产品的消费者急于求购并愿意出高价购买;营销者面临潜在竞争者的威胁,需要及早建立起消费者对自己品牌的偏好。

②缓慢撇脂策略。这是一种高价格、低促销的策略,即以高价格配合以较少促销活动的姿态进入市场。采用这种策略,可以降低促销费用,获取更多的利润。

实施缓慢撇脂策略须具备的条件是:市场规模不大,竞争者少;消费者对此类产品需求选择余地较小,适当的高价格能为市场所接受。

③快速渗透策略。该策略的特点是低价格、高促销,即以低价配合大规模的促销活动,达到最快的市场渗透,迅速占领市场,提高市场份额。这是一种大刀阔斧、放长线钓大鱼的做法。该策略如获成功,企业会迅速发展,但风险也较大,一旦失败,损失难以弥补。

实施快速渗透策略须具备的条件是:市场规模很大,大多数消费者对产品还不了解,但对价格十分敏感;存在较大的竞争威胁;单位产品的生产成本可随着生产规模的扩大迅速下降，从而抵消高费用、低价格带来的不利影响。

④缓慢渗透策略。即以低价格低促销的方式推出新产品。低价格能使消费者迅速接受该产品，低促销可以节省大量的费用，最终收到以廉取胜、稳步前进的效果。

采用此策略的条件是大多数顾客已经了解了该产品，消费者的需求选择余地较大，并且消费者对于价格非常敏感；顾客已经知道或容易了解该产品；市场上存在一定的潜在竞争威胁。

(2)成长期的市场特点及其营销策略。消费者对农产品已经熟悉并大量购买，销售量迅速增长，增长率超过10%；生产规模随之扩大，生产成本不断降低，利润迅速增长；丰厚的利润吸引大量的竞争者进入，导致市场竞争加剧。

成长期的营销目标是使更多的顾客购买自己的产品，扩大市场占有率，具体可以采取以下营销策略：

①改进产品。根据顾客需求和其他市场信息，不断提高产品质量，增加产品功能和用途，丰富产品的花色品种，强化产品特色以提高市场竞争能力。

②适时降价。在适当的时机，可以采取降价的策略，以激发对价格比较敏感的潜在顾客的购买欲望，从而争取更多的顾客；同时，降价还可以阻止潜在竞争者

进入市场。

③广泛分销。一方面,要巩固原有的销售渠道;另一方面要积极开辟新的销售渠道,增加新的销售网点,通过方便顾客购买来开拓市场,扩大销售。

④加强促销。成长期的促销活动,应该以树立良好的市场形象为中心,通过建立产品信誉,创造名牌产品来拓展市场,主要目标是建立品牌偏好,争取新顾客。

(3)成熟期的市场特点及其营销策略。农产品的供应量进一步增加,在市场上已经普及,销售量和利润额都达到了高峰;市场需求已趋于饱和,销售增长缓慢,甚至出现停滞和下降;市场竞争最为激烈,竞争者之间价格战愈演愈烈,促销费用增加,单位产品利润减少;相对其他阶段而言,成熟期持续时间较长。

成熟期的营销目标主要是巩固原有市场,维持已有的市场份额,同时努力采取各种措施,延长产品的成熟期。

①市场改良。这一策略不是要改变农产品本身,而是发现农产品新用途或改变推销方式,以扩大农产品的销售量。一是寻找新的细分市场,重点是发现农产品的新用途,延长其成熟期。如顾客购买某种蔬菜、水果是为了获得维生素,但当发现其有养生保健和防治疾病的功能时,就可以重新细分市场,宣传其新功能,进行精深加工等以扩大销售量。二是寻找能激发消费者消费的

方法。三是重新进行市场定位,寻找有潜在需求的顾客。

②产品改良。这种策略是通过产品自身的改变,使现有消费者增加使用量或吸引新顾客,以达到扩大销售的目的。一是改进产品质量。主要侧重于改进产品的使用性能,如改善农产品的口感,提高营养价值等。二是改进产品特色,主要侧重于增加产品的新特性,如使农产品具有保健、防病功能等。三是改进产品式样。主要侧重于增加产品的外观美感,如改变产品的款式、颜色、包装等。生产方形西瓜和樱桃小番茄采用的就是这种策略。

③改进营销组合。这种策略是改进营销组合中的一个或几个因素,或者改进各因素之间的组合,以促进销售。这种策略主要侧重于改进营销组合中的非产品因素,如降低产品价格,增加销售渠道和销售网点,增加促销措施,提高推销人员素质,提高服务质量等。

(4)衰退期的市场特点及其营销策略。农产品销售量迅速下降,利润下降甚至亏损;市场出现了品质更好的产品或代用品,逐渐替代原有的农产品;竞争者数量减少,有的营销者经营陷于困境。

衰退期产品的市场营销,关键是要正确判断该产品是否确实进入了衰退期,不可贸然行事。如果判断失误,可能过早断送产品的前途或者延误产品的更新换

代,造成资源浪费,影响获利能力。衰退期的营销策略主要有以下几种:

①继续营销策略。即在营销组合上保持原状。由于众多竞争者纷纷退出市场,现有的顾客会向少数保持经营的生产者集中,营销者通过提高服务质量,突出经营特色,销售量不一定减少。

②收缩策略。将促销减低到最低水平,即减低到保持对产品坚定忠诚者需求的水平,以尽可能增加眼前的利润。这样做会加速产品淘汰,通常作为停产前的过渡策略。

③放弃策略。即淘汰进入衰退期的产品,有计划地转向新产品的经营。至于在放弃经营衰退期的产品时是立即放弃,还是逐步放弃,则应慎重决策,力争将损失减少到最低程度。

第二节　农产品品牌决策

我国是世界上农产品第一生产大国,却不是农业强国,更不是农产品品牌大国。过去品牌一直被工业品所独享,农产品同品牌、商标基本无缘。20 世纪 90 年代中期以后,随着很多地方的名牌战略的实施和向农产品领域的延伸,不少农产品开始使用品牌、商标。在山东已形成“龙大”、“鲁花”、“得利斯”等一批农产品知名品牌。但是,目前农产品品牌在品牌总量中所占比重仍然较小,要提高我国农业水平,必须在农产品的品牌培育上下工夫,这样才能使我国由农业大国变成农业强国、农产品品牌大国。

一、品牌的内涵

品牌是生产经营者为自己的产品规定的商业名称。品牌可以是名称、术语、符号或图案,也可以是它们不同形式的组合运用。目的是藉以辨认某个销售者的产品或服务,并使之与竞争对手的产品或服务区别开来。

根据国际上通行的理解和惯例,品牌包括品牌名称、品牌标志和商标三部分。

1. 品牌名称

品牌名称指品牌中可以用语言表达的部分。一般品牌名称应能够用口语发音,并且具有识别性。如青岛啤酒、伊利牛奶等,都是著名的品牌名称。

2. 品牌标志

品牌标志指品牌中可以被识别,但不能用语言表达的部分,包括符号、记号、图案及专业设计的色彩等。

3. 商标

品牌或品牌的一部分,在政府有关部门注册登记后,称为商标。它受法律保护,注册者有专用权,其他任何企业都不能仿效使用。可见,商标是一个法律用语,是指受法律保护的一个品牌或品牌的一部分。品牌不经注册,就不能得到法律保护。

二、品牌的作用

1. 品牌对于营销者的作用

(1)品牌是营销者参与市场竞争的有力工具。现在,很多营销者都认识到,在现代社会,无论你是卖电脑还是出售牙刷、水果,其中一个强有力的营销工具就是品牌！美国著名的广告专家来特·瑞特指出:在未来30年市场营销发展中,拥有市场比拥有工厂要重要,拥有市场最佳的途径就是先拥有具有市场优势的品牌。品牌可以向消费者传递信息,使消费者和品牌之间产生联系,一旦品牌在市场上形成一定的知名度和美誉度,就可以形成消费者的品牌忠诚,引起消费者的重复购买,稳定老客户,并且保障产品不被其他同类产品所代替。同时知名品牌代表一定的质量和服务水平,能够有效地吸引新的消费者,降低促销费用,使产品的市场份额不断扩大。例如,山东济南章丘农民李德远用自己的名字为自己生产的小磨香油注册了商标后,靠商标开拓市场,迅速提高了市场影响力,很快发展成为济南市场的大型香油供应商。

(2)品牌有助于减少价格弹性。由于品牌具有专用性和不可替代性,使该产品与竞争者的产品发生自然差异，因此，品牌已成为产品差异化的重要手段。品牌所有者可以不需与其他同类产品相比较，自主确定产品价格，减少价格对需求的影响程度。特别是在激烈竞争的市场条件下，面对琳琅满目的商品和汪洋大海般的信息，消费者往往不知所措，无从选择。一个知名品牌无疑可以减少消费者选择的难度，起到导航的作用。这就能使营销者在保持价格相对稳定的情况下，保持市场销售量的稳定和增长。

(3)品牌有助于节约新产品投入市场的成本。一个新产品进入市场，一般都要投入高额的市场开发费用，并且还要面临失败的较大风险。如果营销者已经拥有一种或数种品牌，增加一种新产品的组合比较容易，而且进入市场时也容易为顾客所接受。如果营销者借助已经知名的品牌，扩大企业的产品组合，提出新产品，采用品牌延伸，可以节省大量的市场开发费用，也可以有效地提高新产品在市场上的成功率。如“娃哈哈”这一品牌成功地延伸到了该公司生产的八宝粥、果奶、纯净水等产品上，取得了较好的市场效益。

(4)品牌有利于广告促销。品牌有助于建立起人们对企业的印象，企业在广告中宣传品牌，远比宣传企业名称和产品质量更为方便。在实际生活中，有的产品人们可能不知其生产者，但却知道其品牌的名称和品牌标记。因此，有了品牌，就能使广告更好地发挥促销作用。

在市场经济条件下，企业之间的竞争一般要经历价格竞争、资本竞争和品牌竞争3个阶段。目前，每个营销者都在殚精竭虑地设计自己的品牌战略。事实上，品牌战略的目的之一就是提高品牌的知名度与美誉度，进而建立消费者的品牌忠诚，稳定老顾客，吸引新顾客。

2. 品牌对消费者的作用

(1)品牌可以帮助消费者辨认所需要的商品，降低购物成本。消费者在确定自己要购买哪一种产品时，一般有两种方法，一是从众，即别人买什么，自己也买什么；二是品牌忠诚，消费者由于经验的积累，获得了一定的品牌信息，他们就很容易凭品牌辨别出哪一种产品适合自己，从而迅速做出购买决定。

品牌是一个整体概念，它代表着企业形象、产品品质、特色、服务，在消费者心目中形成了产品的标志，这就缩短了消费者识别产品的过程和购物的时间，减少了搜集产品信息的成本，使消费者可以认牌购物。这对于生活节奏不断加快、时间就是金钱的现代社会人们来说，无疑有着重要意义。

(2)品牌有助于保护消费者的合法权益。当消费者因购买、使用商品或接受服务受到人身、财产损害时，可以按品牌很容易地找到产品的生产者，依法维护自己的合法权益。另外，由于品牌能够代表商品的特色和质量,也在无形中维护了消费者的合法权益。

(3)品牌有利于消费者形成品牌偏好,提升生活品质。市场上同类产品往往有许多品牌可供消费者选择,消费者在购买产品时,通过品牌对产品进行比较,形成品牌偏好,就可以从购买和使用该品牌的产品中获得一种满足感,从而提升生活品质。

三、农产品品牌决策

1. 有无品牌

即是否给产品起名字、设计标志的决策。以前许多产品都不用品牌,生产者和中间商直接从桶、箱子等容器内取出产品销售,对产品没有如何辨认的凭证。但是,随着商品经济的日益发展,商品不断丰富,品牌也日益被人们所重视。现在无品牌的产品已经越来越少,像水果、蔬菜、鸡蛋和肉类制品等过去不使用品牌的产品,现在也开始使用特色包装,冠以品牌出售,以获得品牌化的收益。但是,这并不意味着在现代市场上所有商品都应建立品牌。对于某些产品,如果使用品牌对识别商品、促进销售的作用不大,就可以不使用品牌。因为在获得品牌带来好处的同时,建立、维护、保护品牌也要付出巨大的成本。一般生产简单、选择性不大的产品,一次性或临时性生产的产品,不因生产者不同而有明显质量差异的产品等,不使用品牌。

2. 品牌归属

如果决定使用品牌,则要决定品牌归谁所有。一般有3种策略可供选择:一是使用生产者自己的品牌。从传统上看,绝大多数生产者都使用自己的品牌。二是使用中间商的品牌。随着现代商业的发展,一些实力雄厚、信誉很高的大型零售商和批发商,为了取得更大的利润,也纷纷建立自己的品牌。当生产者在自己不熟悉的市场上销售产品,或者自己的市场信誉远不及中间商的信誉时,可以考虑使用中间商的品牌,以增强自己产品的市场竞争力。三是混合品牌。即混合使用生产者品牌和中间商品牌。

3. 品牌名称

企业决定其生产的不同产品,是使用一个统一的品牌,还是不同产品分别使用不同品牌,就是品牌名称决策。

(1)统一品牌。即所有产品都使用同一个品牌,可以利用已经成功的品牌推出新产品,容易使消费者产生信任感,节约建立品牌的费用。需要注意的是,只有在该品牌已经在市场上享有较高声誉,而且使用该品牌的各种产品质量相同时,才能使用这一策略。

(2)个别品牌。即各种不同的产品使用不同的品牌,能严格区分不同质量水平的产品,便于消费者识别和选购所需要的产品。当个别产品出现信誉危机时,对其他产品的信誉影响较小。缺点是费用较高。

(3)分类品牌。使用这种策略,一般是为了把各个不同大类的产品区别开来,同时兼具统一品牌和个别品牌的优点。

(4)企业名称与个别品牌名称并用。即在个别品牌名称之前冠以企业名称,既可以使产品得益于企业已经建立起来的信誉,又可以反映每一种产品的特色。

4. 品牌扩展

指将一个已经成功的品牌使用到新产品或改进产品上。采用这种策略的优点是可以节约大量的促销费用,产品也能迅速地得到市场认可。但是,如果新产品或改进产品不能令顾客满意,则会影响品牌信誉。

5. 品牌再定位策略

即改变或调整品牌在市场上的初始定位。如果品牌的初始定位错误,或者虽然品牌的初始定位正确,但后来由于市场环境的变化(如竞争者品牌定位接近本企业品牌定位,消费者偏好转移等),导致本企业产品市场份额下降,就有必要进行重新定位。

第三节　农产品包装决策

产品包装是整体产品的一个重要组成部分,绝大多数产品都要经过包装后生产过程才算完成。在现代市场营销中,对商品包装的要求越来越高,早已不再拘泥于过去的那种保护商品、方便携带的功能。心理学研究表明:在人类接受的信息总和中,由视觉器官获得的占83%,听觉占11%,嗅觉占3.5%,触觉占1.5%,味觉占1%。因此,通过包装设计,激发顾客的购买欲望,提高农产品市场竞争力,是农产品营销者必须高度重视的问题。

一、包装在市场营销中的作用

包装是指盛装产品的容器或包裹物,有内包装和外包装。商品包装起源很早,最初人们只是使用芦苇叶、竹筒、兽皮等包装商品,现在产品包装已经发展为营销策略的重要内容。产品包装在市场营销中具有以下作用:

1.保护商品

保护商品是包装的主要目的,也是包装的最原始、最基本功能。包装可以保护产品在从生产者转移到消费者的过程中,避免损坏、变质、漏失等,同时为产品的运输、储存、携带和使用带来方便。如果汁、饮料、食品等,如果没有一定的包装,它们的使用价值就会受到很大影响。

2.促进销售

包装可以促进销售,是因为包装装潢可以美化商品，具有广告宣传的作用。实际上商品包装本身也是一种广告媒体，是“无声的推销员”，能引起消费者的兴趣，激发购买动机，从而促进产品销售。据英国市场调查公司调查表明，一般到超级市场购买物品的妇女，由于受包装装潢的吸引，在现场购买的东西，通常超过出门时打算购买数量的45%。

3. 提高商品价值，增加利润

包装作为产品整体概念中的一部分，起着提高商品价值的作用。好的商品与好的包装相得益彰，能使商品身价倍增。如我国大蒜之乡山东省金乡县的“大蒜老板”刘社良，在和外商做生意时发现，外商将大蒜运回去后，重新进行包装，利润竟比产地金乡高出10多倍。于是，他在国外注册了自己的公司，在大蒜的包装上做足文章，除了在包装上做卡片外，还设计了1 000克、500克以及三头、五头和七头的各种规格的精包装，深受消费者欢迎，获得了良好的经济效益。

4. 便于运输、携带和储藏

产品从生产到消费的过程中，要经过装卸、运输和储存等环节，包装后的产品可以满足要求，并可节约运输工具和储存空间。

二、农产品包装的基本要求

产品的包装设计是一项技术性和艺术性很强的工

作，必须考虑流通和消费领域的各种要求，同时还要考虑社会和环境问题，以保障消费者长远利益和社会整体利益。

1. 遵守国家有关法律法规和政策

国家对于包装的材料、重量、危险防护及标签等都有严格要求，如包装上必须注明生产者的名称、地址；应注明包装商品的净重或内含量；食品应注明生产日期和失效期、成分及含量；对于已经获得外观设计专利、版权的包装，未经专有人许可，他人不得使用、仿冒和销售等。

2. 遵守包装道德

所谓包装道德，是指在包装设计时必须考虑和维护消费者的利益，坚决反对利用商品包装弄虚作假，损害消费者利益的行为。随着商品经济的发展，我国许多企业开始重视产品的包装装潢，这是经营思想的一大进步，但同时也出现了“金玉其外，败絮其中”的欺骗性包装，不仅坑害了消费者，最终也将搬起石头砸自己的脚。

3. 有利于产品销售

商品包装的设计，应该着重于考虑美化商品和促进销售。一是包装造型新颖、美观大方，图案生动形象、别具一格，具有较强的视觉冲击力。二是包装费用要与商品的价值相一致。三是包装要显示出商品的特点和风格，根据农产品的特点，包装时应设法向顾客直接显示商品本身,以利于销售。四是包装上的文字要能直接回答顾客最关心的问题。如产品的性能、使用方法和使用效果等,同时也要考虑消费者可能存在的顾虑,在包装上有针对性的说明。如在松花蛋的包装上印有“无铅”,可以解除消费者害怕铅中毒的担忧。文字说明必须与商品性质相一致。

三、农产品包装策略

包装策略是产品策略的重要组成部分,一个好的商品需要好的包装来与之配套。一个好的包装不仅有赖于独特的设计,还要运用正确的策略方法。

1. 类似包装策略

指企业所生产的各种不同产品,在包装上采用相同的图案、近似的色彩或其他共同的特征,使顾客一看包装便知道其生产者是谁。采用这一策略可以壮大企业声势,扩大影响,同时还可以节省包装材料及包装设计费用,但这一策略一般只适应信誉较高的企业和同一品质的产品。

2. 分类包装策略

指企业的各种产品都有自己独特的包装。在设计上不同的产品采用不同的风格、色调、材料等。这种包装策略的优点是不会因某一商品营销的失败而影响其他商品的市场信誉,缺点是包装设计、推广的费用比较高。

3. 组合包装策略

指根据消费者的购买和使用习惯，将多种相关的商品组合包装在同一包装物中。这种包装便于顾客配套购买商品，增加销售。如农产品中的蔬菜、水果和各种小杂粮、小食品比较适合采用此包装策略。但是这种包装不能把毫不相干的产品搭配在一起。

4. 多用途包装策略

指原来包装的商品使用完后，包装物可以移作它用，以此给消费者额外的利益。这种策略一方面可以刺激消费者的购买欲望，使消费者得到多种满足；另一方面印有品牌、商标的包装物，能够发挥广告的作用，增加重复购买的可能性。采用此策略时，必须特别注意研究时尚、风俗和消费者的心理需求等。

5. 附带赠品包装策略

指在商品包装物上或包装物内，附带奖券或实物，目的是引起重复购买，扩大销售。如伊利牛奶包装上附有兑奖券就属于这种策略。附带赠品包装策略是流行于西方国家的一种重要包装策略，实质是一种让利行为，因此，很受中低收入者的欢迎。因为采用这一策略要拿出一定的奖金，量力而行，还要考虑法律法规的限制。

6. 更新包装策略

指为了克服现有包装的缺点,或为了吸引新的顾客而改变原来包装的策略。更新包装可等同于产品创新,但产品质量是营销的基础,如果产品质量欠佳,即便改变包装也无济于事。另外,更新包装应事先通知中间商和顾客,以免引起误会。

第四节　产品策略在农产品营销中的应用

农产品与工业品相比较,具有自身明显的特点,即主要满足消费者在食品方面的需求。因此,除了借鉴一般的营销策略原则外,还必须充分考虑农产品自身的特点。

一、加强农产品市场调研,生产适销对路的农产品

市场营销调研包括市场调查和市场预测。在现代市场经济条件下,市场营销环境变化多端,消费者对农产品需求的变化呈现明显的加快之势,农产品营销者对信息的需求在数量和质量上都空前增加,从而使农产品市场营销调研变得极为重要。只有对市场竞争和消费者需求的现状心中有数,才能生产出适销对路的农产品,而不能凭过去的经验和直觉进行决策。

搞好市场营销调研,首先要增强市场意识。现在不

少农民只知埋头苦干，不看市场需求，在农产品生产上，总是跟在别人后面，你生产什么，我也生产什么，导致供过于求，增产不增收，甚至亏本。有的农民虽然有一定的市场意识，但往往由于生产出的农产品质量不高而销路不畅。现在农产品的市场主要在城市和国外，山东省是我国农产品出口大省，蔬菜、苹果及苹果汁、肉鸡、花生及其制品的出口都占我国出口量的较大比重，如果不了解城市居民和国际市场的要求，就很难确立农产品在市场上的竞争优势。

农产品市场调研，主要包括影响农产品市场营销活动的各种环境因素，农产品市场供求关系，以及消费者的需求及其发展变化。应该看到，现在消费者对农产品在营养、口感、保健等方面的需求不断提高，人们对农产品的需求已不仅仅是为了填饱肚子，而是赋予了农产品营养价值、保健价值、享受价值等多重价值。在不同的消费者中，由于生活方式、收入水平、心理等因素的影响，使他们对农产品的需求有很大差异。只有把准市场脉搏，把握市场的需求状况和需求特征，才能有针对性地引进新品种，制定出科学的生产计划，提高农产品质量，改良农产品品种，调整农产品结构。

二、提高产品质量，生产绿色食品

市场营销理论认为，产品质量是生产者参与市场竞争的最基本条件。生产者在制定经营战略时，首先要解决的是提供什么样的产品，来满足消费者的需求。农产品生产必须不断引进新品种、应用新技术，调整农产品的产品结构，生产高质量的、消费者喜爱的产品，从而确立自己的竞争优势。当前在“大路货”农产品出现积压，不得不廉价销售的同时，市场上优质农产品依然畅销不衰、供不应求，就直接反映了消费者对产品质量需求的这种差异。

生产绿色食品，是提高市场竞争力，满足消费者需求的有效途径。绿色食品，是指经过有关部门认定，许可使用绿色食品标志的、无污染的优质营养食品。当前，我国“菜篮子、面袋子污染”越来越受到人们的关注，农药残留严重超标，违法使用食品添加剂等不安全隐患，直接危害了消费者身体健康，甚至危及生命安全。生产绿色食品，虽然会给生产经营者增加一定的成本，但可以从优质优价上得到补偿，更重要的是可以有效地建立消费者信心，增加消费，推动出口，同时扩大国际、国内两个市场，于国于民都有利。如“中国大蒜之乡”山东省金乡县，积极适应国际绿色壁垒，大力发展有机大蒜，已成为世界重要大蒜生产销售基地，大蒜种植常年稳定在60万亩左右。

三、培育特色品牌，树立市场形象

大量事实表明，创名牌是产品策略成功的关键，没有好的品牌，就不可能在竞争中占据有利地位。市场竞争的本质，就是较多的产品争夺有限的市场份额。名牌产品具有市场开拓力、文化内蓄力、资金扩张力，能够在市场中表现出超常规的获利能力。这些特性也同样表现在农产品上，现代化的农业作为高度社会化、商业化的产业，也需要用品牌来开拓市场。如山东省淄博市淄川区马棚村农民陈廷山，在2002年为椿芽花椒注册了“卧虎山”牌商标，并以此开拓市场，2006年全村椿芽花椒面积达2万亩，总产量200万千克，年人均增收2 000元。

要培育一个优秀的农产品品牌，产品的内在品质是关键。因此，品牌营销首先要求农产品有较高的品质，包括营养价值、口感味道、卫生安全等方面，这是农产品提供给消费者的最为核心的利益。培育特色品牌，还要求在农产品市场营销活动中，把创名牌作为自己的战略目标，从而求得更大的生存和发展空间。实施名牌战略，一是提高农产品品位，以质创牌；二是开展农产品的商标注册，叫响农产品的名字，以名创牌；三是加大农产品的宣传，树立农产品市场形象，以优创牌。

四、改善包装，提升农产品档次

包装是构成农产品整体概念的重要组成部分。一个好的包装，对于树立农产品整体形象，提高市场竞争力具有重要作用。包装并不仅仅是给农产品装个盒子，加个袋子，还包括对农产品进入市场前的加工和等级处理，因此，农产品包装要讲究策略和技巧。目前农产品包装要在以下两个方面有所突破：一是要有利于消费者识别、携带和消费，向分级化、特色化方向发展，根据农产品的质量档次和消费者的需求特点进行分级包装，以质论价。二是要注意包装的环境保护问题，既要节约包装材料，又要使农产品包装富有特色。例如水果可以尝试就地取材，利用有农村特色的柳编、竹编等小包装，既符合环保要求，又可以重复使用，还可以因地制宜地发展副产品加工业。

第五节 无公害农产品、绿色食品、有机食品

一、无公害农产品

无公害农产品，是指产地环境、生产过程和产品质量符合国家有关标准和规范的要求，经认证合格获得认证证书并允许使用无公害农产品标志的，未经加工或者

初加工的食用农产品。无公害农产品,是国家对食用农产品在质量安全上的最基本要求。

1. 认证管理依据

法律依据是《中华人民共和国农产品质量安全法》、《无公害农产品管理办法》、《无公害农产品产地认定程序》和《无公害农产品认证程序》、《无公害农产品标志管理办法》等。技术依据是无公害农产品 NY5000 系列标准,共计 281 个;无公害农产品认证目录,涉及 815 个农产品,基本涵盖了现有的农产品品种。

2. 认证管理模式

无公害农产品认证管理工作采取的是政府推动和依法管理的工作模式。其认证分为产地认定和产品认证两部分,产地认定是产品认证的前提和基础,产地认定由地方农业主管部门负责,产品认证由农业部农产品质量安全中心负责。国家鼓励申报无公害农产品,必要时推动无公害农产品强制认定。

3. 无公害农产品认证程序

(1)从事农产品生产的单位和个人,可以直接向所在县级农产品质量安全工作机构(简称"工作机构")提出无公害农产品产地认定和产品认证一体化申请,并提交申报材料。

(2)县级工作机构自收到申请之日起 10 个工作日内,负责完成对申请人申请材料的形式审查。符合要求的，签署推荐意见，连同申请材料报送地级工作机构审查。不符合要求的，书面通知申请人整改、补充材料或退回。

(3)地级工作机构自收到申请材料、县级工作机构推荐意见之日起15个工作日内，对全套申请材料进行符合性审查，符合要求的，在《认证报告》上签署审查意见，报送省级工作机构(省绿办)。不符合要求的，书面告之县级工作机构通知申请人整改、补充材料或退回。

(4)省级工作机构(省绿办)自收到申请材料及县、地两级工作机构推荐、审查意见之日起20个工作日内，组织或者委托县、地两级有资质的检查员按照《无公害农产品认证现场检查工作程序》进行现场检查。现场检查通过后，按规定委托有资质的检测机构实施基地环境监测和产品检测。完成对整个认证申请的初审后，在《认证报告》上提出初审意见。

通过初审的，报请省级农业行政主管部门颁发《无公害农产品产地认定证书》，同时省级工作机构(省绿办)将申请材料、《认证报告》和《无公害农产品产地认定与产品认证现场检查报告》报送农业部农产品质量安全中心技术分中心进行技术复审。

(5)农业部农产品质量安全中心各技术分中心对复审通过的，报农业部农产品质量安全中心评审会进行终审。

(6)终审通过的,农业部农产品质量安全中心颁发《无公害农产品证书》(图1)。

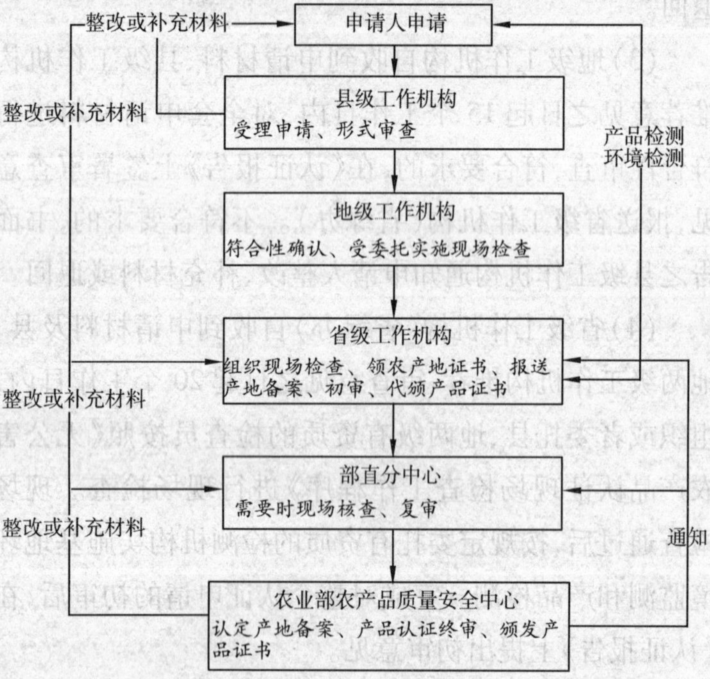

图1 无公害农产品认证程序

4. 无公害农产品标识

(1)标志图案涵义:标志图案由麦穗、对勾和无公害农产品字样组成,麦穗代表农产品,对勾表示合格,金色寓意成熟和丰收,绿色象征环保和安全。标志图案直观、简洁,易于识别,涵义通俗易懂。

(2)标志的基本图案及颜色:如图2所示。

（绿色：C：100 Y：100）（橙色：M：60 Y：100）

图2　无公害农产品标志

（3）标志的种类、规格和尺寸：标志的种类按印制的质材分为纸质标志和塑质标志，标志的种类、规格、尺寸（直径）如表1所示。

表1　绿色标志的种类、规格、尺寸

种类	纸质标志					塑质标志			
规格	1号	2号	3号	4号	5号	2号	3号	4号	5号
尺寸（毫米）	10	5	20	30	60	15	20	30	60

（4）标志的防伪及查询功能：标志除采用激光防伪、荧光防伪、微缩文字防伪、单色及凹版印刷技术等传统静态防伪外，还具有防伪数码查询功能的动态防伪技术。在标志的揭露层（即标志稳定粘贴在附着物上后，揭下标志面层，留下的底层）上有16位防伪数码，通过输入此防伪数码查询，不但能辨别标志的真伪，而且能了解到使用该枚标志的单位、产品、品牌及认证部门的

相关信息。可以通过以下3种方式进行查询。

全国统一电话:16840315或010－64450315查询。

手机短信息查询:移动用户将16位防伪数码写成短信内容,发送到3315。联通用户将16位防伪数码写成短信内容,发送到93315。

通过互联网查询:登陆http://www.p－pass.com或http://www.aqsc.gov.cn在防伪标识查询框内输入产品数码,确认无误后按"鉴别"键,即可迅速得到鉴别结果。

(5)标志的权威性及重要性:

①该标志是由农业部和国家认监委联合制订并发布,是加施于获得全国统一无公害农产品认证的产品或产品包装上的证明性标识。获得无公害农产品认证证书的单位和个人,只有在证书规定的产品或产品包装上加贴标志,才能以"无公害农产品"称谓进入市场,也是无公害农产品市场准入的基本条件。印制在包装、标签、广告、说明书上的无公害农产品标志图案,不能作为无公害农产品标志使用。

②该标志的使用,涉及政府对无公害农产品质量的保证和对生产者、经营者及消费者合法权益的维护,是国家有关部门对无公害农产品进行有效监督和管理的重要手段。使用该标志,不仅有利于防止假冒产品损害无公害农产品形象,扰乱市场秩序,侵害生产者、经营者

利益,而且有利于防止无公害农产品市场鱼目混杂,侵害消费者利益。因此,要求所有获证产品以“无公害农产品”称谓进入市场流通,均须在产品或产品包装上加贴标志。

(6)标志的申领与发放:凡获得全国统一无公害农产品认证证书的单位和个人,均可向农业部农产品质量安全中心申领使用此标志,并填写《全国统一无公害农产品标志使用申请表》。农业部农产品质量安全中心根据认证产品的生产规模、产品数量、包装规格核发标志,并登记备案。

二、绿色食品

绿色食品是遵循可持续发展原则,按照特定生产方式生产,经专门机构认证,许可使用绿色食品标志的,无污染的安全、优质、营养类食品。

1. 标志

标志由三部分构成,即上方的太阳,下方的叶片和中心的蓓蕾,象征自然生态;颜色为绿色,象征着生命、农业、环保;图形为正圆形,意为保护。

中国绿色食品发展中心在国家工商行政管理局注册有以下 4 种形式:绿色食品标志是指“绿色食品”,“Green Food”,绿色食品标志图形,以及这三者相互组合等(图 3)。注册在以食品为主的共九大类食品上,并扩展到肥料等绿色食品相关生产资料类产品上。

图3 绿色食品标志

绿色食品标志作为一种产品质量证明商标,其商标专用权受《中华人民共和国商标法》保护。标志使用者须通过专门机构认证,依法许可使用。

2. 绿色食品的特点

强调产品出自良好生态环境;对产品实行“从土地到餐桌”全程质量控制;对产品依法实行统一的标志与管理。

3. 绿色食品所具备的条件

产品或产品原料产地必须符合绿色食品生态环境质量标准;农作物种植、畜禽饲养、水产养殖及食品加工必须符合绿色食品生产操作规程;产品必须符合绿色食品产品标准;产品的包装、贮运必须符合绿色食品包装贮运标准。

4.绿色食品分类

A级绿色食品:系指在生态环境质量符合规定标准的产地,生产过程中允许限量使用限定的化学合成物质,按特定的生产操作规程生产、加工,产品质量及包装经检测、检查符合特定标准,并经专门机构认定,许可使用A级绿色食品标志的产品。

AA级绿色食品(等同有机食品):系指在生态环境质量符合规定标准的产地,生产过程中不使用任何有害化学合成物质,按特定的生产操作规程生产、加工,产品质量及包装经检测、检查符合特定标准,并经专门机构认定,许可使用从AA绿色食品标志的产品。

AA级绿色食品标志与字体绿色,底色为白色,A级绿色食品标志与字体为白色,底色为绿色。目前由于AA级绿色食品标准等同于有机食品食品标准,AA级绿色食品已不再单独认证,全部转入有机食品认证。

5.绿色食品认证程序

(1)申请人向所在省绿色食品办公室(省绿办)递交《绿色食品标志使用申请书》等材料。

(2)省绿办收到上述申请材料后,5个工作日内完成对申请认证材料的审查工作。申请材料合格的,省绿办派出检查员进行现场检查,并出具现场检查评估报告。现场检查合格后,省绿办委托绿色食品定点监测机构实施环境和产品检测。

(3)省绿办将认证申请材料、检查员现场检查评估报告及合格检测报告报农业部绿色食品发展中心。

(4)农业部绿色食品发展中心组织审查人员及有关专家对上述材料进行审核后,将认证材料、认证审核意见报送绿色食品评审委员会。

(5)绿色食品评审委员会自收到认证材料、认证处审核意见后10个工作日内进行全面评审,并做出认证终审结论。

(6)农业部绿色食品发展中心发放《绿色食品证书》。

6.绿色食品产品的规定

绿色食品产品的包装、装潢应符合农业部《绿色食品标志设计标准手册》的要求,取得绿色食品标志使用资格的单位,应将绿色食品标志用于产品的内外包装。《手册》对绿色食品标志的标准图形、标准字体、图形与字体的规范组合、标准色、广告用语及用于食品系列化包装的标准图形、编号规范均做了严格规定,同时列举了应用示列。《农业部"绿色食品"产品管理暂行办法》第四条规定,绿色食品出厂时须印制专门的标签,内容除必须符合国家GB7718.94标准外,还应标明主要原料产地的环境、产品的卫生及质量等主要指标。

7."绿色食品"的鉴别

(1)从外包装上必须印有绿色食品标志以及绿色

食品字样，譬如“LBX××”，“经中国绿色食品发展中心许可使用绿色食品标志”字样。

(2)必须出示绿色食品证书的原件或复印件，该证书的发证单位是中国绿色食品发展中心，并且要注意证明有效期限。

(3)查询 http：www. greenfood. org。

假冒绿色食品有两类，绿色食品企业违规或超期使用标志；非绿色食品企业非法使用绿色食品商标。对于绿色食品的识别主要看商标是否规落、完整，要有商标标识，要有“绿色食品”4 个字，要有批号，这三者缺一不可。

凡绿色食品产品的包装上都同时印有绿色食品商标标志、文字和批准号，其中标志和绿色食品 4 个字为绿色衬托的白色图案。除包装标签上的印制内容外，尚贴有中国绿色食品发展中心的统一防伪标签，该标签上的编号应与产品包装标签上的一致。

8. 绿色食品的发展趋势

21 世纪是一个“绿色”的世纪，面临日益严重的环境和资源问题，世界各国将在实施可持续发展战略承诺的基础上采取实质性行动，而食物生产将是采取行动的重点领域。

常规食物生产方式已引起人们广泛而深刻的反思，只关注食物生产的效率和效益已远远不够，还必须考虑食品的质量安全和生产方式对资源、环境、消费者的影响。这是因为它们已成为食物价值的重要组成部分，并且对食物生产政策、农产品国际贸易产生了影响。未来的趋势是，只有质量安全保障、符合环保要求的食物才更具有竞争力，才能更好地满足消费需求。

21世纪的主导农业是生态农业，主导食品是绿色食品、有机食品和无公害农产品（以下简称“三品”）。由于发展“三品”意义重大、前景广阔，许多地方已开始从“战略制高点”和新的“经济增长点”的高度来部署“三品”的发展。如黑龙江把建设绿色食品基地作为由“农业大省”转交为农业强省的战略举措；内蒙古发挥自身生态环境优势，高度重视绿色食品开发工作。从微观角度看，随着市场经济的发展，广大食品企业为增加产品在市场中的竞争力，对产品质量认证服务的需求越来越强烈。广大消费者则希望权威机构对产品质量进行客观、公正地评判，以监督企业对消费者权益保护的承诺。因此，“三品”生产和消费将成为全社会积极参与的一个“热点”。

目前，国际上类似我国“三品”、生态食品、自然食品的生产和贸易发展十分迅速，市场容量也在迅速扩大，这为“三品”提供了良好的发展机遇。随着中国食品产业在标准、技术、管理、贸易等方面进一步与国际相关行业接轨，中国优质、安全食品的国际形象和地位将得到进一步巩固和提高，从而在国际市场上树立中国农产品及其加工品的精品和名牌形象，对提高我国农产品的市场竞争力，促进农业增效、农民增收意义重大。

三、有机食品

有机农产品是根据有机农业原则和有机农产品生产方式及标准生产、加工出来的，并通过有机食品认证机构认证的农产品。有机农业的原则是，在农业能量的封闭循环状态下生产，全部过程都利用农业资源，而不是利用农业以外的能源（化肥、农药、生产调节剂和添加剂等）影响和改变农业的能量循环。有机农业生产方式是利用动物、植物、微生物和土壤4种生产因素的有效循环，不打破生物循环链的生产方式。有机农产品是纯天然、无污染、安全营养的食品，也可称为“生态食品”。有机食品在其生产和加工过程中绝对禁止使用农药、化肥、激素等人工合成物质，因此，有机食品是一类真正源于自然、富营养、高品质的环保型安全食品。

1. 有机产品生产的基本要求

（1）生产基地在最近3年内未使用过农药、化肥等违禁物质。

（2）种子或种苗来自于自然界，未经基因工程技术改造过。

（3）生产基地应建立长期的土地培肥、植物保护、作物轮作和畜禽养殖计划。

(4)生产基地无水土流失、风蚀及其他环境问题。

(5)作物在收获、清洁、干燥、贮存和运输过程中应避免污染。

(6)从常规生产系统向有机生产转换通常需要两年以上,新开荒地、撂荒地需至少经12个月的转换期才有可能获得颁证。

(7)在生产和流通过程中,必须有完善的质量控制和跟踪审查体系,并有完整的生产和销售记录档案。

2. 有机食品基地建设的三大原则

(1)原则性与科学化相结合。有机生产标准化是指在有机农业基地建设过程中,须严格遵守有机认证标准和认证要求。有机农业除了有一定的原理外,还有详细的标准规定哪些行为与方式或物质是允许的,什么是限制的,什么又是禁止的;由专门的认证机构,按照有机生产标准,对基地进行检查认证,如果违背了标准,基地就不能通过认证机构的有机认证,它生产的产品也不能以有机产品出售。科学化是指在遵守标准的基础上,应更深层次地应用现代科学技术和经营管理方法,如生态农业技术、生态经济、循环经济理论、农业产业化经营方式等,对基地进行规划与设计,以提高基地的科技含量和综合实力、开拓市场的能力,直至实现良好的经济效益。

根据我国目前有机生产基地的现状可知，基地建设强调原则性多而追求科学化少，多数基地生产单一，即使有不同的生产单元与作物品种，但相互之间缺乏必要的联系，没有形成一个有机的体系。在经济效益方面，对产品价格过分依赖，一旦没有获得较好的价格，则效益普遍不高，从而影响生产者的积极性。而且，对原则性的强调与理解，大多数人也是被动地严守，而非本质上的理解，以至对于有机农业始终没有正确的认识，始终停留在不用农药与化肥的层面上，并且经常抱着怀疑甚至恐惧的心理看待有机农业。

有机生产基地建设的科学化，是从提高系统综合生产力和经济效益的角度加以提倡的。生态农业在我国经过20多年的发展，已取得了巨大的成绩，全国已有很多生态农业示范县，而且有许多非常成功的生态村、生态农场，形成了众多的农、林、牧、副、渔综合生产的生态农业模式，生态系统的整体、协调、循环、再生的原理得到充分应用，极大提高了系统的综合生产力和经济效益。生态农业与有机农业的理论基础都是生态学，主要区别只是对外界物资的投入方面要求不一样。因此，有机农业生产基地的建设完全可以在我国生态农业的基础上进行，将生态农业的模式因地制宜地应用与有机生产基地的规划建设中，这样就可大大提高基地的科技含量，同时也可提高其生产力与经济效益。

(2)生产与市场开拓相结合。有机食品作为安全、优质、健康的环保产品,越来越受到人们的青睐,有机产品的价格也普遍高于常规品种30%～50%,甚至翻几倍,但高价格的实现要以市场接受为前提。因此,在基地建设过程中,要同时考虑市场开拓问题,这正是很多生产基地面临的难题。目前,有机生产通常有两种情况:一些贸易公司、加工龙头企业持有有机食品的出口订单,再组织农户或农场进行生产;政府鼓励农民或农场先进行有机生产转换,再寻找市场。前者不存在眼前的市场问题,也是很多生产基地所期待的生产组织方式,而后者则经常具有盲目性。因此,有机生产基地建设者必须具备很强的市场意识,要充分考虑产品的市场前景,做好产品的营销策划(如选择出口、主供国内大都市市场或基地周边的当地市场、直销或家庭配送等方式),否则很容易失败。从目前情况来看,尽管我国有机产品仍然以国际市场为主,但国内市场也已经启动,并处于较快的发展时期。北京、上海、南京等地的超市、专卖店已在销售蔬菜、茶叶、大米等有机食品,销售量、需求量在快速增加。因此,国内市场和生产基地的周边市场不可忽视。

(3)环境、经济、社会三大效益相结合。实现环境、经济、社会三大效益是各种可持续农业方式的共同目标。在有机农业基地建设过程中,生产、管理人员要有实现三大效益的主观意识。环境效益,包括对基地的绿化美化,建造丰富多彩的田园景观,保护野生生物和生物多样性,保护土地和水资源,尽量减少裸地,避免水土流失,减少面源污染等。保护好农业生态环境,是消费者愿意花高价购买有机食品,以激励农民从事有机生产的原因之一。经济效益,是有机生产极为重要的目标。要通过种养结合、循环再生、多层利用的农业生态工程方式来降低生产和成本,提高基地的整体生产力;要通过较高的价格回报来实现高的经济效益,高价格是有机农业高经济效益的重要保障。社会效益,包括为广大消费者提供优质、安全、健康的产品,为劳动者提供更多的就业机会,提高整个社会的环境保护意识,强调社会的公正性等。在三大效益中,经济效益是实现环境效益与社会效益的动力因素,但环境效益、社会效益又是经济效益的基础,三者是相辅相成的关系。在有机生产基地建设过程中,要加强基地的宣传,有意识地实现三大效益,并能够有机结合。

四、鉴别食品的安全

1. 小心受污染水产品

随着水源越来越多地被污染,水产品极有可能受到农药、重金属、放射线的污染,这些都会影响人类健康。因此要尽量 选新鲜、形体正常的水产品;发现鱼虾等水产品有异味，如煤油味、农药味等不要买，更不要吃，这些水产品已被污染。

2. 细辨优劣大米

选购时首先看大米成色，是否有米香味；不要选手感油腻的大米；把米放入水中，漂起油花的就是掺油大米。

3. 注意蔬菜农残

许多人认为买带虫眼的蔬菜、水果比较保险，因为虫子既然能吃，就说明没有打农药，其实这是一个消费误区，因为人与动物都同样具有“抗药性”。带虫眼的蔬菜、水果并不保险；水果最好削皮吃，部分蔬菜可选用热水焯一下再吃；生吃的蔬菜洗时，最好先用盐水泡一下再吃。

蔬菜中，因不易感染虫害而较少施用农药的品种有苋菜、芹菜、萝卜等；野外生长或人工培育的食用菌和各种芽菜类，安全性也比较高。一些生长周期短、有特殊气味的蔬菜都比较安全。使用农药较多的有白菜、空心菜等叶类蔬菜，选购时如有刺鼻的农药味，说明喷药不久就上市了。

五、“三品”的主要差异

如表 2 所示。

表2　“三品”的主要差异

项目	有机食品	无公害食品	绿色食品（A级）
名称	国际常见的法定名称为“有机食品”、“生物食品”和“生态食品”	无公害食品	绿色食品
生产标准	GB/T1963－2005标准	国家无公害食品标准NY500系列	农业部绿色食品生产标准
生产环境	未受到污染	符合国家无公害农产品标准要求	符合绿色食品标准要求
农药、化肥等化学物质的使用	禁止使用	禁止使用国家明令禁止使用的农药	有限制的使用
辐射处理技术	禁止使用	允许使用	未作严格规定

（续表）

项目	有机食品	无公害食品	绿色食品（A级）
基因工程技术及其生物	禁止使用	允许使用	禁止使用
允许使用的物质	强调作用农场自产的天然物质，限制使用农场外的天然物质	遵守国家无公害生产标准	遵守绿色食品标准
允许物质的使用量	根据作物的需求量使用，不允许污染环境	遵守国家无以害生产标准	遵守绝色食品生产标准
生产方法	遵守有机食品生产要求	遵照无公害食品生产操作规程	遵守绿色食品生产操作规程
畜禽养殖	根据畜禽的自然生活习性和土地载畜量饲养	遵守国家无公害标准要求	遵守绿色食品标准要求

第六章　农产品储存和运输技术

第一节　农产品储存

一、农产品储存的效用和功能

农产品储存是指农产品离开生产领域，但还没有进入消费领域，而在流通领域的停滞。农产品的生产和消费在时间、地区和数量上存在着矛盾，农产品储存可以调节矛盾，起到时间、形态、空间3种效用。

1. 时间效用

大部分农产品是季节性生产，常年消费；竹、木等更是多年栽培，一次砍伐，常年消费；还有一些农产品（各地生产的瓜、果）是一地生产，全国消费；另一些作为工业原料的农产品，则需加工后才能消费。这些生产和消费的矛盾，必须依赖储存加以调节。因此，必须在收获季节把一时消费不了的农产品储存起来，需要几个月或一个生产周期，甚至超过1年以上，才能维持农产品的正常流通。同时，许多农产品在收获季节供过于求，如有仓库储存，可备将来市场的需要。储存能调节市场供求、稳定物价、满足需求。如果批发商有足够的商品储存，零售商就可以根据市场需要，采用勤进快销的措施，加速资金周转。各种现代化的储存方法（如冷冻冷藏、高温、脱水、腌制等）可使损耗率大为降低，使商品的使用价值得以有效保存。

2. 形态效用

有些农产品通过有效的储藏，可以提高和改进产品的品质。例如，烟草、酒类都需要储存一定时间，才能达到一定的品质标准。尤其是酒类，储存时间愈长，品质愈好，价格也愈高。还有一些瓜果类，采摘后需要一定的后熟期。如香蕉、橘子、苹果，经储存一段时间，可以提高品质。

3. 空间效用

农产品的生产多分散在全国广大农村，而消费则多集中在城镇和工矿区，因而农产品的生产和消费在空间上也有一定距离。要完成农产品在空间的转移，也必须有一部分农产品停留在运输过程中，形成在途农产品的储存；所以一定数量的待运农产品储存，可以充分利用运输中的有利条件，降低运输成本，加速农产品在空间的转移。很多仓库备有运输工具,代办运输业务,可以及时发运消费者所需的农产品。

二、仓库的建设和管理

仓库是商品储存最主要的场所,是商品流通必需的一种物质技术设施,商品的储存和保管大部分是在仓库进行的。商品储存必须首先搞好仓库的建设和管理。

1. 仓库的建设

(1)仓库的类型:按仓库在商品流通过程中所担负的主要任务来分,有采购仓库、中转仓库、供应仓库和储备仓库等;按仓库储存的商品来分,有工业品仓库、农副产品仓库、特种工业品仓库、特种农副产品仓库等;按仓库的设备条件来分,有通用仓库、一般专用仓库、特种专用仓库。一般专用仓库是用来存放某一特定性的商品,如粮食、茶叶、卷烟、食糖、药材等;特种仓库主要存放危险品、易腐品、易燃品及一些特种药品。特种仓库有一定的保管条件,如存放肉类、水产品需要冷冻库;畜禽产品、蛋品、水果、蔬菜等需冷藏库。通用仓库存放一般的农副产品及工业品。

(2)仓库地址的选择:首先要求环境安全,便于调运、便于保管。要选择地基坚实,地势较高,没有污染危害,不易发生火灾和水灾的地方。如果是食品仓库,则要求环境清洁卫生。其次,仓库地址的选择要考虑储存的目的。例如，储存目的是为了出口，仓库则应建设在出口口岸，或集中在一个集散市场、方便运输。又如储存目的是为了扶持农业生产（如种子、饲料、肥料等），则应在生产区的收购网点建立仓库。最后，仓库地址的选择是一项受多种因素的决策课题，主要标准是提高经济效益，可以最小运输成本（运输量×运输里程×千米运费/吨）计算，这就要求仓库一般建设在产品产区和销售区，以及交通条件较好的地方，以便能及时使商品集中、调运和出售，并有利于商品的整理加工、包装等。

（3）仓库的费用：价格与费用必须联系起来考虑，农产品储存后要获得较高价格，才能补偿支出、获得盈利。如果预计农产品将来所得价格低于现时农产品出售所得价格，一般应现在出售，不能储存。如果农产品的季节差价，不高于仓库费用，则储存就会成为企业经营的损失。仓储费用包括：

①储存商品所占资金的利息。

②仓库保管费用。专业仓库规定包租，即每单位农产品每月要付的保管费，商业单位自设仓库费用列入营业费。

③损耗。一般都规定一定的损耗率，超过损耗率仓库负责赔偿。但对包装的农产品则只负包装完好的责任，不负损耗责任。因此，专业仓库必须改善设备，减少损耗。自设仓库必须及时清理，才能确知损耗情况。

④包装材料的折旧费。入仓农产品的包装材料，由委托人自备。仓库对于不合格的包装材料有权拒绝，以免将来发生损耗时产生责任纠纷。因此，包装材料一般都是由仓库租用，按租用时间付给租用费。

⑤保险费。凡入仓的农产品都应保险，以防止水、火、地震等意外风险。

(4)仓库数量：一方面，仓库数量增加，可以就近供应缩短交货时间，大大降低了运输费用。另一方面由于仓库增多，使企业投资增加或租赁费用增加，使利润减少。一般是减少仓库数量，以降低成本。同时改善运输条件，确保不影响销售。

(5)仓库的结构选择：仓库结构有单层和多层两种。单层仓库占地面积较大，货物移动比较方便，一般较重的物品(如粮食等)多采用单层仓库储存。多层仓库占地面积小，宜在地价高的地区采用，并限于储存较轻的物品，还要考虑升降设备。

(6)仓库机具的选择：现代化的仓库，广泛使用仓储设备，可大大降低劳动强度，保证安全生产，并降低仓储成本。仓储机具一般常用升降机、皮带运输机、吊车等搬运设备。集装箱的运用更可加速商品的储存和运输，降低储存费用。

2. 仓库的管理

(1)控制仓库温湿度：根据不同农产品的理化性

能,控制仓库内的温湿度或自动调节。一般采用密封、通风、吸潮以及各种控制和调节空气温湿度的办法,把温湿度控制在适应商品贮存的范围内。

(2)做好农产品的入库验收工作:入库商品验收,要了解各种规格和数量,检查商品的包装和质量是否存在问题,以便及时采取防护措施。

(3)健全检查制度:认真执行商品在库检查。在库存期间,为及时发现商品的变化,就要对储存的农产品性能、保管条件、养护堆码方法等。定期进行检查,做好必要的测定记录工作。对各种检查结果,应作专题分析,找出影响因素,及时采取措施。

(4)搞好清洁卫生和虫鼠防治工作:储存环境不清洁会引起微生物、虫类滋生,危害商品。因此,要保持商品清洁,尤其在潮热季节米面等多种农产品容易受虫蛀鼠害,要及时采用药剂,杀灭虫鼠。

三、影响农产品储存量的因素

如前所述,商品储存是商品流通的必要条件,但储存量多少,有其客观的经济界限。在一定的生产力水平条件下,每一种农产品的储存量都应保持合理水平,以保证商品流通不致中断,再生产能顺利进行。如果低于这个界限,就会出现供应中断,即脱销;超过这个界限,就会出现商品积压。

1. 农产品生产周期

商品储存量应保证在该商品生产出来之前这一阶段的供应量,许多农产品生产周期为 1 年,一般要储存 1 年的供应量。如水果要储存 1 年,市场才不致脱销。因此,在其他条件不变的情况下,各种农产品的储存量与该种产品的再生产周期成正比,生产周期长的农产品应多储存,生产周期短的农产品应少储存。各种农产品的生产周期不同,储存量也不同。

2. 农产品储存期限

由于各种农产品的理化性质不同,决定了各种农产品储存时间有一定限度。如粮食、肉类、水果等都有一定的期限,过期就会变质或失效(如冷冻猪肉储存不能超过 7 个月),降低或失去商品的使用价值。所以,一般鲜活易腐、易变质的农产品储存期短,棉、麻、丝等储存期可长。有的农产品必须经过一定时期储存,才能提高价值(如苹果、香蕉要有后熟作用)。因此,储存期短的商品,储存量相应小一些。

3. 产销地之间运距和交通运输条件

产地至销地距离愈远,在途时间愈长,商品的在途量和储存量也愈大。如果运输业发达,同等距离所需运输时间就短,在途量和运输量就有可能减少。

4. 各种农产品的销售量

在其他条件不变的情况下,各种农产品的储存量与其销售量成正比。销售量增加,储存量应增加;反之,则减少。

5. 各种农产品生产规模

各种农产品从生产过程结束到进入消费过程,或长或短。在流通时间相等的条件下,生产量大的商品,储存量也大。

第二节　农产品运输

一、农产品运输的特点

1. 农产品运输的季节性强

大部分农产品是季节性生产、常年消费,农产品运输的淡旺季非常明显。这就需要运输部门根据农事季节安排好运输力量,及时把农产品运出去。许多鲜活易腐商品农副产品(如瓜果、蔬菜、种畜、种禽等)运输量大、调运时间性强,如果不及时组织调运,就会失去原有的使用价值,从而也就失去了运输的目的——扩大空间使用的效果。所以,运输部门要抢时间、赶速度,及时把农产品从产地直接运到销地市场,以保证商品质量。棉、麻、烟茶、猪、禽、蛋等大宗农副产品以及季节性生产的山货土产,上市时间也比较集中,也要求及时组织运输,做到边收购、边调运,避免商品在产地积压,堵塞货物通道,影响继续收购和市场供应。

2. 农产品短途运输量大

我国农村土地广阔、居住分散,商品的调进、调出大部分靠短途运输。特别是一些边远地区,要经几次短途运转,才能把商品运到购销网点。如果短途运输这一环节遇到阻塞,收购起来的农副产品就运不出去、销不掉,影响工农业生产和城乡人民生活。

3. 农产品运输费用较高

农产品因其自身特性,导致的运输成本较一般运输产品要高。许多农产品属体积大、份量轻的"轻泡物资"(即指那些装满车、船后,达不到车船规定的标记载重理的货物),如棉花、草、芦苇及其制品、麻、毛、烟叶、中药材、柳条、葵扇等。在日常经营农副产品中,这些轻泡物资约占70%。农副产品的这一特点,给运输工作带来许多困难,如装载量低,增加了运费;运输前要搞好轻泡物资的机械加工、包装规格以及装载定型等方面的工作,也加大了开支。还有一些农产品鲜活易腐,如鱼、肉、禽、蛋、鲜奶等运输前要经过初步加工、包装,并要选择适当的运输工具,如冷藏冷冻等。又如,运送活牛、羊、猪,要求运输工具不仅要通风透光,还必须有一定的饲喂设备,这都会使农副产品运输费用增加。

4. 农产品运输前的加工整理、分级检验

许多农产品因生产分散而品质不一或含有很多杂

质,在运输过程中要进行粗加工,去掉泥沙外皮等没有使用价值的部分,并进行分级、整理、包装后才能运输。如毛、皮、麻、蚕茧等都要就地进行粗加工;粮食类要经烘干、分级、包装;蔬菜要除去泥沙烂叶,水果要分级装筐,还要注意保鲜。农产品运输的这些特点都导致农产品运输比工业品运输要繁杂。

目前,我国农副产品的包装水平还比较落后,给农产品运输、储存、销售等带来一系列问题,这都有待于今后不断改进。

二、农产品运输方式和运输工具的选择

农产品运输多采取直达、直线和直拨运输。

1. 直达运输

是指农产品从产地(农业生产者)或起运地(或当地收购部门)直接运到销地销售部门的仓库或用户(农产品加工工厂)手中,尽量减少中间不必要的层次和环节,缩短运输里程。采用直达运输,农村基层收购的农副产品可以直接运到销地的批发市场,还可以直接送达零售企业。

2. 直线运输

是指商品在运输过程中,从起运点到目的地之间存在两条以上的运输路线时,应选择路线最短、费用最少的运输路线,以免迂回、过远、绕道等不合理的运输现

象。直达运输主要是尽量减少运输环节，而直接运输主要是尽量缩短运输里程，二者经常结合在一起，称直达直线运输。对鲜活易腐的农产品多采取这一方式。

3. 直拨运输

是指当地产品在生产企业或产地直接组织分运，外地进货在车站、码头组织分拨调运。直拨调运适宜于品种规格比较单一、挑选性不强的大宗商品，如棉花、粮食等。对规格、花色比较复杂、挑选性较大的商品，不宜直拨运输。

4. 运输路线和运输工具的选择

在组织农产品运输时，要按照“及时、准确安全、经济”的原则，对所采取的运输路线、运输工具就其时间长短、里程远近、环节多少、损耗大小、费用高低等进行对比计算，从中选择最经济、最合理的运输路线和运输工具，把商品从产地运往销地。

(1)农产品的产销情况：测算待运农产品的质量与数量。

(2)交通运输情况：要考虑在起止点之间有几条运输路线，经过哪些中转环节、中转点的分布情况，中转能力，以及起止点之间的里程等。

(3)费用情况：指各种运输工具的收费标准及计算方法，运输过程中的各种杂费（如装卸费、短途搬运费、中转手续费等）的规定及其计算方法。

(4)商品在途时间:除参照铁路、交通部门规定的商品运行时间外,还要根据历年来的实际运行时间加以分析确定。

(5)利息:按进货价格计算,以农产品在途时期为准,按国家规定的贷款利息率计算利息。

(6)损耗:有损耗定额的农产品,按损耗定额计算,没有损耗定额的农产品按历史资料推算。根据上述资料,将待运农产品从发运站到终点站,根据不同的运输路线和运输工具分别逐项计算费用、里程和时间,最后分析对比。

(7)选择运输工具:要考虑各种运输工具的合理分工,考虑工农业生产和市场供应的需要,选用的运输工具应适合农产品的性能等。农产品的运输工具,很大程度上取决于交通条件。远途运输有公路(汽车)运输、铁路(火车)运输、水路(船)运输和航空(飞机)运输等,必要时可采用各种不同方式的联运。

①铁路运输:运量大、运费低、速度快,不受气候和自然条件的影响,在运输中有较高的连续性和时间的准确性。但一般不能直接从产地(或收购点)到销地,只能在设有车站的地方运输,同时装卸次数多,不宜用于鲜活易腐农产品。

②汽车运输:速度快、活动范围广,使用灵活性大,便于仓库、码头、车站等直接装卸,适宜各种农产品的直

接运输;缺点是运量小,运费高。

③水路运输:运量大、运费低;但受季节气候影响大,运输连续性差,速度慢。水运适宜那些耐储耐运、没有时间要求的农产品。

④航空运输:速度快,但运量小、运费高昂。空运适宜体积小、价值高或时间紧迫的保鲜产品及急需物资。

各种运输工具各有利弊,要从生产和市场供应出发,正确选择运输工具,以达到费用省、运输快、商品安全的目的。为此,要充分发挥运输工具的效能,合理组织运输,提高技术装载量,最大限度地利用车、船的载重吨位;充分利用车、船的装载容量。也就是说,既要装足车、船标重吨位,又要装满车、船容积。主要措施是:改进商品装卸技术,即在不改变商品形态,不违反运输规定的条件下,实行巧装多载,实行轻重商品配装,零担拼整,集装箱运输以及利用回空车船的运力,减少运输工具的空运里程等。此外,还应积极研制推广生猪、家禽、水果、蔬菜等特殊农产品的专用运输工具,如折叠式通风集装箱运输,以节约流通费用,提高运输工具的效能。